"Já tive a oportunidade de conhecer grandes profissionais da área de desenvolvimento de pessoas e o Fabossi com certeza é um deles! Foram várias as oportunidades em que nós, da ABTD, pudemos contar com sua valiosa contribuição. Este novo livro, que apresenta um profundo mergulho no desenvolvimento de relações de confiança, é uma leitura imperdível para o profissional do futuro!"

Igor Cozzo, diretor da Associação Brasileira de
Treinamento e Desenvolvimento (ABTD)

• ● •

"Confiança é o segredo para um mundo melhor. Confiança em si mesmo, principalmente quando os joelhos parecerem não suportar mais; no amanhã, de que dias melhores virão; no aprendizado contínuo, em qualquer idade e condição. Como dizem por aí, a confiança do pássaro não está na robustez do galho, e sim na força de suas asas. *O fator confiança* ajudará você a aprimorar sua *fides* com respeito e amor."

Eduardo Carmello, palestrante e autor de *Gestão da
singularidade: alta performance para equipes e líderes diferenciados*

• ● •

"Uma das coisas que eu percebi assim que conheci o Fabossi foi sua forma de tratar as pessoas. Logo no primeiro minuto, já inspirava confiança. O tema confiança é a própria vida do Fabossi, é o que ele vivencia todos os dias. Uma honra estar ao lado dele."

Paulo Alvarenga, sócio VP da Crescimentum,
palestrante, coach e autor de *#Atitude que te move*

"Este incrível livro do Marco Fabossi vai ajudar você a encontrar caminhos preciosos para conquistar os seus objetivos! Afinal, *O fator confiança* fará você não ter medo de dar o próximo passo! Recomendo!"

Alexandre Slivnik, palestrante e autor de *O poder de
ser você: transforme sonhos em resultados extraordinários*

·· • ··

"A coisa que mais admiro em um ser humano é o caráter. Já do ponto de vista profissional, é a capacidade de se manter estudando e aprendendo eternamente. Marco Fabossi tem essas duas qualidades, além de muitas mais! Não importa o que ele escreva, nem qual das obras publicadas por ele você leia. Tenha a certeza de que você estará diante do que de melhor possa existir em termos de fontes pesquisadas, que ele traduz da melhor maneira para o entendimento e a apreciação do maior número de pessoas. Em tempos de necessidade de curadoria, tanto para garantir a qualidade da fonte quanto do conteúdo, você tem agora em suas mãos o que de melhor está disponível no mercado! Vá fundo e aprecie sem moderação!"

Ines Cozzo, palestrante e consultora
especialista em *brain-based solutions*

MARCO FABOSSI

O FATOR CONFIANÇA

A base para
uma liderança
extraordinária

Benvirá

Copyright © Marco Donizeti Fabossi, 2019
Todos os direitos reservados.

Preparação Maria Silvia Mourão Netto
Revisão Tulio Kawata
Projeto gráfico e diagramação Negrito Produção Editorial
Capa Deborah Mattos
Imagem de capa iStock/Getty Images Plus/ByoungJoo
Impressão e acabamento Edições Loyola

Dados Internacionais de Catalogação na Publicação (CIP)
Angélica Ilacqua CRB-8/7057

Fabossi, Marco
 O fator confiança: a base para uma liderença extraordinária / Marco Fabossi. – São Paulo: Benvirá, 2019.
 264 p.

 ISBN 978-85-5717-338-5

 1. Confiança (Psicologia) 2. Autoconfiança 3. Relações humanas I. Título

19-2154
CDD 158.2
CDU 159.9

Índice para catálogo sistemático:
1. Confiança (Psicologia)

1ª edição, novembro de 2019 | 4ª tiragem, setembro de 2023

Nenhuma parte desta publicação poderá ser reproduzida por qualquer meio ou forma sem a prévia autorização da Saraiva Educação. A violação dos direitos autorais é crime estabelecido na lei n. 9.610/98 e punido pelo artigo 184 do Código Penal.

Todos os direitos reservados à Benvirá, um selo da Saraiva Educação, parte do grupo Somos Educação.
Av. Paulista, 901 – 4º andar
Bela Vista – São Paulo – SP – CEP: 01311-100

SAC: sac.sets@saraivaeducacao.com.br

CÓDIGO DA OBRA 645636   CL 670894   CAE 705061

Dedico este livro ao meu maior mestre de liderança, confiança, trabalho, caráter, ética, valores, família, amizade e amor: meu pai, Geraldo Fabossi, que partiu já faz algum tempo, deixando, além de muitas saudades, um exemplo de vida e um grande legado, do qual esta obra faz parte.

Valeu, Pai!

Agradecimentos

Agradeço primeiramente a Deus, que me agraciou com o dom da vida, e ao maior líder de todos os tempos, exemplo de confiança, amor e serviço, e também o grande inspirador destas páginas: Jesus Cristo.

Agradeço ao meu grande amor, esposa e companheira de vida, Rosana, por seu amor, paciência (quem me conhece sabe que ela precisa de muita), companheirismo e incentivo. Aos meus filhos, Marquinho e Felipe, e à minha nora, Isabella, pelo exemplo que têm sido em minha vida e pelo cuidado e carinho que dedicam à nossa família. Às minhas preciosas netas, Glória e Branca, que me ensinam sobre amor e confiança todos os dias.

À minha maravilhosa mãe, Luzia, e aos meus irmãos Nenê (João Alexandre), Nice, Célia e Dinho (Geraldo), e a toda minha família pelo amor, força e incentivo.

Agradeço, de coração, aos amigos que colaboraram diretamente para a realização desta obra, especialmente Danilo Porto (que prefaciou este livro), Georgia Bartolo, Paulo Alvarenga (PA), Igor Cozzo, Alexandre Slivnik, Eduardo Carmello, Inez Cozzo, Fernando Penteado, Paula Carvalho, Débora Guterman, Cidinho Marques, Fernanda Okura (Puca) e Marcelo Sattin.

Aos amigos, sócios, parceiros e clientes da Crescimentum e a todos aqueles que acreditaram neste sonho e que de alguma maneira participam ou participaram da minha vida. Agradeço a cada um de vocês pelo cuidado, pelo carinho, pela amizade, pela força, pelos conselhos, pelos puxões de orelha, enfim, muito obrigado por participarem da minha vida.

A todos vocês, a minha mais sincera gratidão.

MARCO FABOSSI

Sumário

Prefácio, 11

CAPÍTULO 1
O fator confiança, 15

CAPÍTULO 2
Confiança, 27

CAPÍTULO 3
As 4 dimensões da confiança, 37

CAPÍTULO 4
A dimensão da autoconfiança, 49

CAPÍTULO 5
A dimensão da confiança pessoal, 89

CAPÍTULO 6
A dimensão da confiança interpessoal, 131

CAPÍTULO 7
A dimensão da confiança realizacional, 165

CAPÍTULO 8
Confiança e modelos mentais, 211

CAPÍTULO 9
Confiança e neurociência, 231

CONCLUSÃO
Decidindo confiar, 251

Notas, 257
Referências, 263

Prefácio

Há alguns anos, recebi um voto de confiança para dar aquele que seria o mais importante passo em minha transição de carreira. Transições de carreira são períodos cheios de incertezas, de expectativas muitas vezes não atendidas e de uma busca incessante por decisões que parecem nunca alcançar um grau de convicção ideal. E, nesse contexto, encontrar alguém que demonstrou um nível de confiança em mim e em meu potencial de realização, maior do que aquele que eu mesmo depositava, foi um claro e evidente sinal de "siga em frente!".

Iniciava-se ali a minha mais nova trajetória profissional, agora como *head* de uma unidade de negócios de uma das mais respeitadas consultorias de desenvolvimento de líderes do Brasil, e começava também a relação com essa pessoa que demonstrou tamanha confiança em mim, e que acabava de se tornar meu líder.

O começo do nosso convívio, devo confessar, trouxe-me certa surpresa por seu comportamento tão aberto, flexível e interessado, tanto sobre minhas ideias quanto sobre mim. Afinal de contas, quando pensava nas experiências que eu havia tido com outros líderes, não conseguia resgatar momentos em que houvesse experimentado esse nível de abertura em tão pouco tempo de relacionamento.

Hoje compreendo melhor o que estava em jogo ali e percebo o que faltava a meus líderes anteriores e sobrava ao atual: interesse genuíno pelas pessoas e conforto com sua própria vulnerabilidade. É incomum que uma pessoa em sua posição e com tanto conhecimento, que ganhava a vida ensinando e transferindo tanta sabedoria, tivesse algo ainda a aprender com um recém-chegado, ansioso por encontrar seu lugar ao sol.

Porém, as atitudes dele iam muito além de confiar em meu potencial e ser autoconfiante o suficiente para pedir ajuda. Transitavam constantemente por decisões pautadas em ética e transparência, com destaque para tudo que contribuísse com melhores resultados, mas, acima de tudo, que apoiasse meu desenvolvimento profissional e pessoal, incluindo muitos feedbacks!

O fim dessa história (que ainda não chegou ao final) não poderia ser mais feliz! Uma vez que, com um líder confiável e que confia, chegamos juntos a lugares aonde não chegaríamos se fôssemos sozinhos, o lugar a que cheguei foi o de ter realizado os maiores feitos de minha carreira profissional com muito senso de contribuição e propósito. E, após ter tido a honra de ser o primeiro a ler este livro, concluo que tudo só foi possível porque o **fator confiança** estava presente desde o início!

Hoje, portanto, sustento duas certezas. A primeira é que neste livro você vai encontrar uma visão inspiradora e amplificada desse pilar tão fundamental na construção de melhores relações e conexões humanas. Um ideal que tem sido compartilhado por executivos, jovens talentos, coaches, pessoas interessadas em apoiar mudanças sustentáveis e fortalecimento de competências, e indivíduos que querem simplesmente mais harmonia em seus relacionamentos. Tudo de maneira estruturada, prática e repleta de histórias capazes de gerar profunda reflexão e contribuir para o seu desenvolvimento e o das pessoas ao seu redor.

E a segunda é que a melhor pessoa para escrever este livro só podia ser Marco Fabossi, o protagonista da história que acabo de dividir com você. Em primeiro lugar, pela integridade de viver intensamente o que fala e escreve, mas também pela imensa generosidade em reunir e compartilhar o conhecimento de toda uma vida ao redor de um tema que nos conecta à nossa essência e com o ideal de um mundo melhor onde o ponto de partida é a confiança!

Fico feliz por você e pelo voto de confiança que acaba de dar.

Um grande abraço,

Danilo Porto
Master Coach

1
O fator confiança

A ordem dos fatores não altera o produto, mas a falta de um deles muda completamente o resultado

Confiança é como o ar que respiramos: quando está presente, quase ninguém percebe; mas, quando falta, todos sofrem.

•••••••••••••••••••••••••••••••• ● ••••••••••••••••••••••••••••••••

Pai dedicado de cinco filhos, Geraldo era um pedreiro muito conhecido no bairro e respeitado como pessoa e profissional. Por não saber escrever direito, quando alguém lhe pedia um orçamento de reforma ou construção, ele improvisava algumas palavras e números numa folha de papel e, ao entregá-lo, precisava "traduzir" o conteúdo para o cliente.

Alguns de seus clientes eram pais de amigos de seu filho caçula. Essas crianças comentavam em tom de ironia sobre a dificuldade que seus pais tinham de entender o que Geraldo escrevia. Incomodado com as brincadeiras, assim que aprendeu a ler e escrever, o filho caçula disse a Geraldo:

– Pai, agora que eu sei ler e escrever, posso ajudá-lo a fazer orçamentos mais bonitos. O que acha?

Ao que Geraldo, feliz e orgulhoso, mas ciente do principal motivo da oferta do filho, respondeu:

– Filho, muito obrigado! Eu aceito, mas quero que saiba de uma coisa muito importante: as pessoas não me contratam por causa da qualidade dos meus orçamentos, elas me contratam porque confiam em mim e porque busco cumprir o que foi combinado; elas confiam que a minha palavra vale mais do que aquilo que está escrito num pedaço de papel. Por isso, se você quiser ser próspero naquilo que faz e conquistar o respeito das pessoas, faça com que suas atitudes acompanhem suas palavras; construa relações de confiança com elas.

Geraldo Fabossi, meu pai, infelizmente já não está conosco, mas deixou essa preciosa lição de vida para seu filho caçula: eu.

.... ● ....

No dia 15 de julho de 1976, o então presidente norte-americano Jimmy Carter fez um discurso intitulado "Crise de confiança", no qual, entre outras coisas, disse: "Eu quero falar com vocês sobre uma ameaça fundamental à democracia (...) Uma crise de confiança (...) Nós podemos enxergá-la na crescente dúvida a respeito do significado de nossas próprias vidas e na perda de uma unidade de propósito para nossa nação (...) Uma nação que tinha orgulho de seu trabalho, de suas famílias fortes, de suas comunidades solidárias e de sua fé em Deus, mas que agora tende a venerar a satisfação de seus próprios desejos e o consumo. Uma nação cuja identidade humana não é mais definida pelo que se faz, mas por aquilo que se possui (...)".[1]

Jimmy Carter não apenas descreveu o que acontecia nos Estados Unidos naquele momento, mas profetizou o que estava para acontecer no mundo. E aqui estamos nós, meio século depois, vivendo uma crise generalizada de confiança que afeta as relações interpessoais, familiares, sociais, profissionais, econômicas, políticas e diplomáticas, modificando profundamente os níveis de prosperidade, energia e felicidade de pessoas, famílias, escolas, comunidades, empresas, cidades e países.

Como disse na frase que abre este capítulo, acredito que a confiança é como o ar que respiramos: quando está presente, ninguém realmente percebe; mas, quando falta, todos sofrem. E esse sofrimento tem sido tão patente que nem precisaríamos de números para mensurar os impactos dessa crise de confiança no Brasil; contudo, alguns estudos podem nos ajudar a compreendê-la de maneira mais profunda. Vamos dar uma olhada rápida num dos mais consistentes trabalhos sobre o tema: o Trust Barometer (Barômetro da Confiança).[2]

Realizado anualmente pela agência de comunicação Edelman, esse estudo entrevista 33 mil pessoas em 28 países, incluindo o Brasil, para avaliar o grau de confiança em quatro tipos de instituições: governo, empresa, ONGs e mídia. O relatório divulgado em 2018 revelou uma queda generalizada nos índices de confiança em todas as instituições no Brasil, em relação ao ano anterior. A maior queda aconteceu no governo, que piorou 6 pontos, chegando a 18%. Nas empresas, a confiança também caiu 4 pontos, ficando em 57%. Globalmente, 20 dos 28 países pesquisados, entre eles o Brasil, foram classificados como desconfiados em relação às suas instituições, com índices abaixo de 50%. O Brasil ficou entre os seis países com maior queda no índice de confiança.

E essa falta de confiança afeta justamente aquilo que é imprescindível a qualquer organização pública ou privada, com ou sem fins lucrativos: os **relacionamentos**, levando à ruína o governo mais poderoso, o casamento mais sólido, o negócio mais bem-sucedido, o time mais preparado, a ONG mais bem-intencionada, a amizade mais achegada, a igreja mais poderosa, a economia mais próspera, a tecnologia mais avançada, a liderança mais influente, o amor mais profundo.

Você consegue manter bons relacionamentos com pessoas em quem não confia? Pois é, tampouco elas conseguirão, se não confiarem em você. É por isso que qualquer organização, antes de qualquer outra coisa, precisa de relacionamentos baseados em confiança e credibilidade para existir, subsistir e evoluir porque,

Num cenário onde não existe confiança, além de os relacionamentos se tornarem superficiais, a ética é relativizada, a quantidade de controles e checagens aumenta, a comunicação fica truncada e distorcida, os resultados precisam ser provados e comprovados, e as coisas levam muito mais tempo para acontecer.

na sua falta, certamente sucumbirá, já que, sem relacionamentos baseados em confiança, nada permanece!

E, num cenário onde não existe confiança, além de os relacionamentos se tornarem superficiais, a ética é relativizada, a quantidade de controles e checagens aumenta, a comunicação fica truncada e distorcida, os resultados precisam ser provados e comprovados, e as coisas levam muito mais tempo para acontecer.

No entanto, veja só que interessante: embora a confiança no governo seja baixa, o Trust Barometer 2018 identificou que 41% dos entrevistados no Brasil acreditam que as empresas estão entre as instituições mais confiáveis e representam um caminho para um futuro melhor. Como resultado disso, 60% afirmaram que os CEOs precisam assumir a liderança dos movimentos de mudança em vez de esperar que o governo o faça.

Já no Trust Barometer divulgado no início de 2019, seguindo a tendência de alta demonstrada nos últimos anos, a figura do "empregador", não da instituição empresa, subiu 5 pontos e alcançou a marca dos 77%, tornando-se a instituição mais confiável na opinião dos brasileiros. "Temos observado importantes quedas na confiança nas instituições ONGs, empresas, governo e mídia, enquanto a confiança no empregador cresce no Brasil e no mundo. Com a queda da confiança nos sistemas de busca e nas redes sociais, as pessoas têm se voltado cada vez mais para as pessoas que conhecem e com quem se relacionam, o que inclui seus empregadores", contextualiza Cristina Schachtitz, vice-presidente da Edelman em comunicado da companhia.[3]

Outra constatação importante dessa edição é que, no Brasil, as empresas consideradas confiáveis contam com funcionários que demonstram maior engajamento (77%), lealdade (75%) e comprometimento (86%). Segundo Martin Montoya, CEO da Edelman Brasil: "Os dados mostram uma nova dinâmica no relacionamento entre empregado e empregador, com os executivos sendo chamados a construir confiança de dentro para fora. Para isso, as empresas devem seguir quatro caminhos: liderar a mudança, empoderar os empregados, atuar localmente para o bem de suas comunidades e ter executivos comprometidos com os valores das companhias".

Por isso, na era das *fake news*, em meio a uma profunda crise de confiança, o Edelman Trust Barometer, ano após ano, demonstra que confiança e liderança representam duas faces da mesma moeda, colocando-as no centro das atenções e dos desafios da gestão empresarial. Existe, portanto, uma grande expectativa de que aqueles que lideram nossas organizações posicionem-se de maneira honesta, íntegra e transparente, e assumam a responsabilidade de construir um mundo melhor e mais confiável para todos.

Apesar de a confiança ser considerada algo abstrato e difícil de mensurar, os resultados proporcionados por ela, ou por sua falta, são bastante palpáveis e concretos, transformando-a não apenas em um número que se soma ou subtrai dos resultados, mas num fator que pode tanto multiplicá-los como eliminá-los. Se, na equação dos relacionamentos pessoais e profissionais, o que chamo de **fator confiança** for igual a zero, os resultados certamente serão nulos, transformando as relações em algo parecido com um carro sem combustível: você pode até permanecer dentro dele, mas não conseguirá sair do lugar.

Um exemplo disso, infelizmente, é o que tem acontecido nos últimos anos em nosso país – e ressaltado pelo Edelman Trust Barometer. Você confia nas pessoas que governam sua cidade, seu estado e seu país? Se sua resposta for negativa, quanto custa essa falta de confiança? Você já imaginou se pudéssemos contar com líderes e políticos éticos e honestos, que deixassem de pensar apenas em si mesmos e passassem a demonstrar interesse genuíno pelas pessoas? Líderes preocupados com o desenvolvimento sustentável do nosso país, com menos corrupção, sem agendas ocultas, criando um lugar onde governo e sociedade trabalhassem juntos para a construção de um futuro melhor para todos? Você acha isso uma utopia? Eu prefiro chamar de esperança.

Discursando na cerimônia de formatura da Universidade do Texas em 2014, o almirante da Marinha americana William H. McRaven falou sobre as lições cruciais que aprendeu durante o treinamento básico para ingressar na unidade SEALs. Uma lição particularmente poderosa aconteceu quando ele e outros aspirantes a SEAL enfrentaram juntos quinze horas de "luta contra um frio congelante, contra a lama, o vento que rugia e a pressão dos instrutores para que desistissem".

Esse desafio quase inimaginável encerrava a chamada "semana no inferno", na qual os aspirantes a SEAL passam seis dias sem dormir, sob constante tormento físico e mental. Esse exercício do tipo "vai ou racha" foi realizado num terreno pantanoso, onde a lama engole qualquer um que entre ali.

Depois de oito horas nadando na lama gelada, alguns homens, tomados pelo desespero, estavam prontos para desistir. Foi então que inesperadamente um deles começou a cantar. Aos poucos, um por um, todos se juntaram à canção e, "de algum modo, a lama parecia mais quente e o vento mais suave", segundo o almirante. Como resultado, os aspirantes a SEAL sobreviveram àquela noite.

– Se tenho aprendido algo em minhas viagens pelo mundo é o poder da esperança – afirmou McRaven. – O poder de uma pessoa: Washington, Lincoln, Mandela, e até mesmo da jovem paquistanesa Malala. Uma pessoa pode mudar o mundo oferecendo esperança às pessoas.[4]

Segundo Mario Sergio Cortella, esperança vem do verbo "esperançar", que é diferente de "esperar". As pessoas "esperam" por algo ou alguém em vários momentos da vida, mas isso não é esperança, é apenas espera. Esperança é a confiança de que as coisas podem ser diferentes, e ela nos impulsiona a agir e a dar nosso melhor para alcançar aquilo que esperançamos que aconteça. Então, esperancemos!

***

Tenho conversado bastante sobre confiança em treinamentos, workshops, palestras e processos de coaching dentro e fora do Brasil, e o que percebo são diferentes expressões de frustração, desânimo e falta de esperança relacionadas aos principais motivos que levam à quebra de confiança, como mentiras, politicagem, agendas ocultas, promessas vazias, desonestidade, corrupção, traição, falta de integridade, injustiça, desrespeito, egoísmo, entregas muito aquém do prometido e desinteresse pelas pessoas. E talvez o momento mais decepcionante das histórias que ouço surja quando mencionam que grande parte desses comportamentos é demonstrada por seus líderes, justamente aqueles que deveriam trabalhar para construir relações de confiança, e não destruí-las.

Toda essa frustração, angústia e desesperança não acontece apenas porque as pessoas esperam mais de seus líderes, mas principalmente porque, assim como você e eu, elas sabem quão melhores, produtivos e gratificantes poderiam ser o ambiente de trabalho, as equipes, os negócios e os resultados se existisse mais confiança nas relações; elas sabem que sua vida poderia ser muito mais produtiva, realizadora e recompensadora se o **fator confiança** fosse positivo nessa equação.

Esperança é a confiança de que as coisas podem ser diferentes, e ela nos impulsiona a agir e a dar nosso melhor para alcançar aquilo que esperançamos que aconteça. Então, esperancemos!

É por isso que este é um livro dirigido a líderes que querem levar a confiança para dentro de sua corporação. Contudo, é muito importante esclarecer que líderes não são apenas aqueles que têm uma posição formal de liderança, mas todos que buscam influenciar positivamente o mundo por meio de suas atitudes, deixando um legado que coopere para a construção de um futuro melhor para todos.

Eu tenho a mais profunda convicção de que a confiança é o alicerce de tudo o que fazemos na vida. Ela influencia nosso cotidiano 24 horas por dia, 7 dias por semana, 365 dias por ano. Cada conversa, reunião, proposta, discussão, projeto, pergunta ou resposta é diretamente impactada pelo nível de confiança existente entre as partes envolvidas. E esse impacto altera profundamente os resultados e a trajetória de nossa vida no presente e no futuro.

Originalmente, a palavra "confiança" deriva do termo latim *fides*, que significa fé, lealdade, honestidade e crédito. Fides, na mitologia romana, também era uma deusa que personificava a palavra dada. Era representada como uma idosa de cabelos brancos, e, segundo a tradição, era mais velha do que o próprio Júpiter, o principal deus romano. Dessa maneira, pretendia-se transmitir a noção de que a palavra dada, o compromisso, é a base das relações entre pessoas e instituições. O prefixo "con" foi adicionado ao radical *fides*, reforçando a ideia do compromisso mútuo, representado pela confiança.

Se quisermos colher confiança, precisamos semeá-la primeiro. Não é uma tarefa simples nem fácil, ainda mais quando a desconfiança se expressa como parte da cultura, mas construir confiança é muito possível, principalmente se cada um de nós fizer a sua parte.

Confiança é, acima de tudo, um ato de fé, porque precisamos acreditar que é possível "virar o jogo" e, além de agirmos para construir confiança, precisamos de coragem e ousadia para acreditar que esse mesmo movimento está acontecendo do outro lado; afinal, colhemos aquilo que plantamos. Então, se quisermos colher confiança, precisamos semeá-la primeiro. Não é uma tarefa simples nem fácil, ainda mais quando a desconfiança se expressa como parte da cultura – tem até um dito popular sobre isso: "Quando a esmola é demais, até o santo desconfia" –, mas construir confiança é muito possível, principalmente se cada um de nós fizer a sua parte.

Após um período nos Estados Unidos, onde concluiu seu doutorado como bolsista, o professor de Economia Muhammad Yunus retornou para a cidade de Chittagong, na Índia, a fim de dar aulas na universidade local. Ele logo percebeu que havia uma grande distância entre o que ele ensinava aos seus alunos e a pobreza que se mostrava nas ruas da cidade, repleta de pessoas famintas, tristes e sem autoestima.

Decidido a fazer algo por essas pessoas, Yunus visitou o vilarejo vizinho de Jobra, onde descobriu que existiam categorias de pobreza, e os mais pobres entre os pobres eram as mulheres viúvas, separadas ou abandonadas, que não tinham como alimentar seus filhos. Sem dinheiro para comprar comida, elas pediam bambu aos comerciantes locais e usavam o material para confeccionar produtos artesanais que depois vendiam muito barato para os próprios comerciantes, o que lhes permitia devolver o empréstimo. Para se ter uma ideia, depois de trabalhar o dia todo fabricando um artigo de bambu, ao vendê-lo ao comerciante, o lucro dessas mulheres era de dois centavos de dólar.

Este era um ciclo de pobreza estabelecido havia gerações, e Yunus, como economista, sabia que o único jeito de rompê-lo era ajudando essas pessoas a ter dinheiro suficiente para comprar o bambu e vender seus artigos no varejo a um preço justo. Nesse vilarejo, aproximadamente 42 pessoas viviam nessas condições, e o valor de que precisavam para sair das mãos dos comerciantes era de apenas 27 dólares.

Foi então que Yunus procurou o banco local para solicitar que emprestassem o dinheiro a essas pessoas. Diante de uma resposta negativa, ele escalou a conversa até níveis superiores do banco e, depois de meses de negociação, comprometendo-se como fiador, conseguiu um empréstimo de 300 dólares para distribuir entre os pobres. Valor que foi pago corretamente por seus devedores.

Yunus fundou então o Grameen Bank (Banco do Vilarejo), que empresta pequenos valores, por volta de 25 dólares, e instituiu o programa de pagamento diário de baixas quantias para facilitar a vida dos "devedores". Contra todas as previsões, eles quitam seus empréstimos com uma inadimplência menor do que 2%. Em 2006, Yunus e o Grameen Bank receberam o Prêmio Nobel da Paz.

Como se vê, essas pessoas precisavam apenas de um pouco de dignidade, começando por alguém que confiasse nelas, que levasse em conta o **fator confiança**. Por isso, se você, assim como eu, deseja construir um presente e um futuro melhor (e acredito que deseja), com mais esperança, amor, entusiasmo, prosperidade e felicidade para você e para os que estão à sua volta, confie em mim: este livro é para você!

Sei que sou suspeito, mas acredito, de coração, que este livro se tornará um marco em sua vida e na vida daqueles que o rodeiam por pelo menos cinco importantes razões:

1ª Porque o ajudará a edificar a sua liderança sobre o mais sólido, verdadeiro e consistente alicerce que um líder pode construir: a **credibilidade**.
2ª Porque o ajudará a compreender que confiança é também uma habilidade e, como tal, pode ser aprendida e aperfeiçoada.
3ª Porque apresentarei um modelo prático e consistente de desenvolvimento de confiança, com dicas e ferramentas simples para o seu dia a dia.
4ª Porque reforça a convicção de que você e eu podemos contribuir para a construção de um mundo melhor, tornando nossas vidas muito mais significativas e conectadas com um propósito.
5ª E, por último, mas não menos importante, porque está regado de muito respeito e amor pelo ser humano.

E, considerando que futuro não é um lugar para onde estamos indo, mas o lugar que juntos estamos construindo, espero que nos encontremos nas próximas páginas para que, lado a lado, possamos não apenas esperar, mas "esperançar", com nossas atitudes, esse futuro melhor para todos.

Vamos juntos nessa jornada?

2
Confiança

A pedra angular

Sem confiança não existe liderança.

P edra angular era o fundamento que sustentava as antigas edificações e, a partir dela, era definida a colocação das outras pedras que comporiam a construção. Se a pedra angular estivesse comprometida, toda a edificação também estaria. O mesmo acontece com uma liderança construída sem o alicerce da confiança e da credibilidade: mesmo bonita e imponente, em pouco tempo ruirá.

Quando afirmo que **sem confiança não existe liderança**, me baseio no simples fato de que liderança pressupõe relacionamento e que bons relacionamentos inexistem sem confiança. O líder pode até mandar e as pessoas, por respeito, medo ou insegurança, obedecerem, mas isso está longe de ser considerado liderança. Sem confiança, pode até ser que uma equipe conquiste resultados no curto prazo, mas estes certamente não se sustentarão por muito tempo e, seguramente, estarão muito longe de serem os melhores.

..................................●..................................

Um homem estava perdido no deserto, prestes a morrer de sede, quando encontrou uma velha cabana abandonada e, com dificuldade, se acomodou na pequena sombra que ela oferecia.

Passados alguns minutos, ele avistou uma velha bomba d'água enferrujada ao lado da cabana. Então se arrastou até ela e começou a bombear, mas nada aconteceu. Quando estava quase desistindo, notou que ao lado da bomba havia uma velha garrafa cheia d'água com o seguinte bilhete:

"Primeiro você precisa preparar a bomba, colocando nela toda a água desta garrafa. Por favor, encha-a novamente antes de partir."

O homem então se viu diante de um grande dilema: confiar que ao despejar a água na velha bomba ela iria funcionar, ou beber a água da garrafa, resolver o seu problema e desprezar a mensagem?

Com relutância, ele decidiu confiar na pessoa que tinha deixado a mensagem e despejou toda a água da garrafa na bomba. Em seguida, começou a bombear e, de repente, um fio de água apareceu, depois, um pequeno fluxo e, finalmente, muita água fresca e cristalina jorrou daquela bomba velha e enferrujada.

Após se fartar com toda aquela água, encheu a garrafa a fim de deixar para o próximo viajante e acrescentou uma pequena nota à mensagem original: "Confie! Você precisa dar toda a água desta garrafa antes de poder obtê-la de volta, e em abundância".[1]

•••••••••••••••••••••••••••••••   •   •••••••••••••••••••••••••••••••

Como sabemos, o simples fato de ocupar uma posição de liderança, de ter o título de chefe, não transforma magicamente uma pessoa em líder, já que liderança vai muito além de título, posição, crachá ou imponência de uma sala. Liderança é uma escolha, uma construção diária, edificada por tijolos de comportamentos e atitudes unidos pela argamassa de intenções legítimas e genuínas, e sustentados pela mais poderosa dentre todas as pedras angulares: a **confiança**.

Por isso, ainda que o líder domine todas as técnicas, teorias, estilos e modelos de liderança, se não estabelecer verdadeiras relações de confiança, sua jornada será infrutífera e sem sentido. Ainda que seja um bom ator, se suas intenções não forem legítimas e suas atitudes, verdadeiras, as pessoas logo perceberão; e, ainda que o obedeçam, elas deixarão de segui-lo, o que, naturalmente, fará com que sua liderança deixe de existir.

No modelo organizacional predominante na América Latina, a grande maioria dos gestores acumula dupla responsabilidade: **gestão** e **liderança**, que são papéis e responsabilidades diferentes, embora complementares. Enquanto a gestão lida com "coisas", a liderança olha para as pessoas que fazem essas "coisas" acontecerem. A liderança leva em conta os relacionamentos entre seres humanos que, quando entram pela porta da organização, trazem consigo sentimentos, ansiedades, frustrações, problemas e expectativas.

Se, de um lado, temos no papel do gestor alguém imprescindível tática e operacionalmente para a condução dos negócios, do outro temos o líder, um dos papéis mais estratégicos da organização, responsável pelo desenvolvimento e pela formação das pessoas que construirão o futuro e o sucesso da organização. Para explicar como isso funciona, gosto de usar a metáfora da bicicleta, que apresento com mais detalhes no meu primeiro livro, *Coração de líder*.

Figura 2.1 Metáfora da bicicleta

Fonte: elaborada pelo autor.

Na roda traseira da bicicleta está a sua força-motriz, que a coloca em movimento e a faz andar para a frente. Nela encontramos as metas, os objetivos, os processos, os orçamentos, os indicadores de performance, a infraestrutura, os números, os dados, as medições e os controles. Aí ficam os números e os resultados. A roda traseira representa a gestão e o controle necessários para fazer o negócio "girar" e avançar em direção aos objetivos traçados.

A roda dianteira, por sua vez, é a que dá direção e equilíbrio a tudo isso: a liderança. Nela estão as pessoas, que, quando tratadas com respeito e equidade, quando se sentem valorizadas, seguras, reconhecidas e empoderadas, tornam-se mais criativas, comprometidas e produtivas, e, consequentemente, entregam resultados extraordinários.

Você pode até conquistar bons resultados e, sinceramente, isso é o mínimo que se espera de um bom profissional, mas se esses resultados forem fruto de muita gestão e pouca liderança, a tendência é que não se sustentem por muito tempo.

Essa metáfora é simples de entender, mas nem tanto de aplicar, já que no dia a dia corporativo, infelizmente, a ênfase na "roda traseira", a pressão por resultados, tende a ser muito maior do que o cuidado e a atenção com as pessoas. Se você é responsável por uma área, seja qual for a sua posição, será cobrado por resultados. Se eles estiverem positivos, ótimo! Mas, se estiverem no vermelho, certamente você será pressionado a buscar maneiras de recuperá-los. E essa pressão por resultados, algo absolutamente normal, já que sem resultado nenhum negócio subsiste, o leva naturalmente a dedicar muito mais tempo e atenção à gestão, e menos às pessoas.

Aqueles que estão hierarquicamente acima de você, em geral, estão olhando para "o que" você faz, não "como" faz. Estão preocupados com os resultados, com a gestão. Contudo, é no "como" que se constrói a liderança. Você pode até conquistar bons resultados e, sinceramente, isso é o mínimo que se espera de um bom profissional, mas se esses resultados forem fruto de muita gestão e pouca liderança, a tendência é que não se sustentem por muito tempo. Portanto, o fato de entregar ou não os resultados esperados passa a ser uma questão secundária, já que, de um jeito ou de outro, você o fará.

A pergunta mais importante, portanto, passa a ser: como você entrega esses resultados? Com uma equipe insegura, cansada emocional e fisicamente, desmotivada, em que as pessoas seguem trabalhando por não terem outra opção ou por se sentirem incapazes de conseguir algo melhor; ou com pessoas empoderadas, motivadas e comprometidas que, apesar do cansaço físico gerado pelo grande volume de trabalho, sentem-se emocionalmente equilibradas por sentirem que a importância de seu trabalho é reconhecida e por fazerem parte de um ambiente seguro, agradável e respeitoso, onde seu líder as valoriza como indivíduos e não as vê como meras engrenagens de uma máquina? Como você tem entregue os seus resultados?

***

Quando o líder decide ceder às pressões da "roda traseira", priorizando a gestão, a falta de proximidade e a ausência de relacionamentos significativos tendem a conduzi-lo em direção a uma liderança na base do "manda quem pode, obedece quem tem juízo" ou do "faça o que eu digo, mas não faça o que eu faço". Estilos ultrapassados e que não funcionarão por muito tempo. Os resultados, portanto, serão tão bons e sustentáveis quanto o equilíbrio que você conseguir manter entre as rodas dianteira e traseira da sua "bicicleta".

Para dar um pouco mais de força ao tema, quero apresentar a teoria de um dos especialistas em trabalho em equipe mais reconhecidos do mundo, Patrick Lencioni. No livro *Os 5 desafios das equipes*, Lencioni afirma que a confiança é a base do verdadeiro trabalho em grupo e que sem ela não há entendimento nem cumplicidade, tornando a cooperação entre as pessoas praticamente impossível.

Segundo Lencioni, no trabalho em equipe, a confiança é a certeza de que as pessoas possuem boas intenções, não havendo motivos para atitudes defensivas ou quaisquer reservas frente ao grupo. As relações de confiança permitem que a equipe lide de maneira transparente e produtiva com os conflitos, gerando maior comprometimento, responsabilidade e responsabilização, e, consequentemente, melhores resultados.

Figura 2.2 Comportamentos das equipes que entregam os melhores resultados

Fonte: adaptada de *Os 5 desafios das equipes*, de Patrick Lencioni.

Já a ausência de confiança faz com que prevaleçam o medo de dar opiniões e sugestões, a falta de debate e de troca de ideias, o receio de expor fraquezas, o medo de falar sobre dúvidas e erros, a falta de colaboração, a ausência de feedbacks e o desinteresse em oferecer e pedir ajuda, transformando conflitos produtivos em confrontos pessoais, e, por fim, comprometendo fortemente o desempenho e as entregas da equipe.

É por tudo isso que o primeiro passo para construir a liderança é fortalecer a pedra angular, o alicerce, estabelecendo verdadeiras relações de confiança, e isso passa necessariamente pela consciência de seu papel e de suas responsabilidades como líder e, principalmente, por sua decisão e força de vontade em dedicar um pouco mais de tempo para andar com a "roda dianteira" da bicicleta, aproximar-se das pessoas, buscar conhecê-las, demonstrar interesse genuíno por elas e então liderá-las. E só você pode tomar essa decisão. Essa é uma porta que abre pelo lado de dentro e da qual só você tem a chave.

Então, o que você decide? Se sua decisão está relacionada a um profundo desejo de se tornar um líder ainda melhor, estabelecendo relações de confiança, aproximando-se genuinamente de seus liderados e apoiando-os e ajudando-os em seu desenvolvimento pessoal e profissional, estou seguro de que continuar lendo este livro será de muita valia para você. Caso contrário, pode parar por aqui.

* * *

Se você está lendo este parágrafo, é porque decidiu potencializar sua capacidade de influenciar pessoas e fazer a diferença na vida delas e, consequentemente, contribuir ainda mais para a construção de um mundo melhor. Parabéns! Você faz parte de uma legião de influenciadores que está crescendo um pouco a cada dia e que irá transformar o futuro em um lugar melhor para todos! Afinal, o futuro não é um lugar para onde estamos indo, mas um lugar que estamos construindo, e a sua decisão fortalecerá a construção dessa estrada.

3
As 4 dimensões da confiança

Um jeito diferente de olhar para a confiança

Confiança é também uma habilidade, e, como tal, pode ser aprendida.

Qual é a principal atividade da sua empresa? Independente de qual tenha sido a sua resposta, quero chamar sua atenção para o fato de que, antes disso que você pensou, qualquer organização do planeta, com ou sem fins lucrativos, tem como primeira e mais importante atividade os **relacionamentos**, já que na maior parte do tempo não apenas vivemos, mas também convivemos e cooperamos com outras pessoas.

Isso acontece porque somos seres sociais, e, por isso, aprendemos e evoluímos à medida que cooperamos. Nossas conquistas, ainda que sejam fruto de muita dedicação e esforço pessoal, só se tornam realidade porque pessoas que cruzam o nosso caminho cooperam conosco, direta ou indiretamente. Um dos maiores exemplos brasileiros de talento, esforço e dedicação, Ayrton Senna, reconheceu essa condição quando comentou: "Eu sou parte de uma equipe. Então, quando venço, não sou eu apenas quem vence. De certa forma, termino o trabalho de um grupo enorme de pessoas".[1]

Deus convidou um homem para conhecer o Céu e o Inferno.

Foram primeiro ao Inferno, e, ao abrirem a porta, o homem viu uma sala com um grande caldeirão cheio de sopa e, à sua volta, várias pessoas famintas e desesperadas. Cada uma delas segurava uma colher de cabo muito comprido que lhe permitia alcançar facilmente o caldeirão, mas que não a deixava colocar a sopa na própria boca, por isso o sofrimento era grande.

Em seguida, Deus levou o homem para conhecer o Céu. Entraram em uma sala idêntica à primeira, onde havia também um grande caldeirão, pessoas em volta e colheres de cabo comprido. A diferença é que todos estavam felizes e satisfeitos. Não havia fome nem sofrimento.

Curioso, o homem perguntou:

– Deus, eu não compreendo. Se é tudo igual, por que aqui as pessoas estão felizes enquanto na outra sala elas sofrem tanto?

Deus sorriu e respondeu:

– É porque aqui existe cooperação. Elas aprenderam a dar comida umas às outras.[2]

Que somos seres sociais talvez não seja uma grande novidade para você, mas o principal motivo que nos levou a essa condição, provavelmente, sim: os primeiros seres humanos só conseguiram sobreviver num ambiente mais inóspito do que aquele em que vivemos atualmente porque puderam contar com o apoio e a solidariedade de outros indivíduos. Foram o instinto de sobrevivência e o senso de pertencimento que produziram no homem a necessidade de viver em grupo, para que pudessem proteger uns aos outros e, juntos, garantissem a segurança, uma melhor qualidade de vida e os objetivos do indivíduo e da coletividade.

E, como herdeiros genéticos desses seres humanos, nascemos com um conjunto de células "pré-programadas" para buscar segurança e vida social saudável por meio da convivência, o que normalmente passa, entre outras coisas, pela construção de uma família, pela conquista de um lugar para morar, de bons amigos e de uma boa carreira profissional, além de uma condição financeira equilibrada.

Como mencionei anteriormente, este é um livro feito para líderes, pessoas conscientes de que estamos neste mundo para utilizar aquilo que temos de melhor para deixar uma marca, um legado, porque, como diz meu grande amigo Cristiano Franco, "herança é o que você deixa para as pessoas. Legado é o que você deixa nas pessoas". Qual tem sido o seu legado?

A definição de liderança que apresento em meu primeiro livro, *Coração de líder*, nos ajuda a compreender o que se espera de alguém que escolhe liderar, seja qual for a posição que ocupa: "Liderança é a habilidade de influenciar e inspirar pessoas, servindo-as com amor, caráter e integridade, para que vivam com equilíbrio e trabalhem com entusiasmo em direção a objetivos e resultados legítimos, priorizando a formação de novos líderes e a construção de um futuro melhor".

Na condição de líderes, é essencial que nos conscientizemos da natureza social das pessoas, porque são esses seres sociais que passam pela porta da organização todos os dias e esperam encontrar um lugar onde possam se sentir respeitados, seguros e acolhidos.

Figura 3.1 A hierarquia cerebral

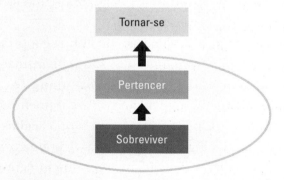

Fonte: elaborada pelo autor.

No Capítulo 9, iremos conversar sobre a relação entre neurociência e confiança, mas, como aqui vamos falar de sobrevivência e pertencimento, quero antecipar algo importante sobre isso: o cérebro humano obedece a uma hierarquia que passa primeiro por garantir a sobrevivência, e, depois, pela necessidade de pertencer, como vemos na Figura 3.1. Só quando esses dois níveis estão atendidos, é que o cérebro nos habilita a mudar, a aprender, a fazer algo novo e nos tornar uma versão melhor de nós mesmos. Em outras palavras, a neurociência reforça que as pessoas tendem a se engajar, se desenvolver e entregar melhores resultados em ambientes seguros, onde existem relações de confiança, porque a desconfiança traz consigo o medo, que naturalmente produz egoísmo.

Liderança é a habilidade de influenciar e inspirar pessoas, servindo-as com amor, caráter e integridade, para que vivam com equilíbrio e trabalhem com entusiasmo em direção a objetivos e resultados legítimos, priorizando a formação de novos líderes e a construção de um futuro melhor.

Importante ressaltar que, quando menciono "sobrevivência", não estou falando em "garantir o emprego ou a permanência" das pessoas em algum lugar, mas em construir um ambiente onde existam autenticidade, verdade, transparência, integridade, honestidade e interesse genuíno pelos indivíduos, o que, por consequência, também reforça o senso de pertencimento.

Por isso, quando alguém me pergunta: "Qual é a principal responsabilidade de um líder?", respondo que são muitas, mas que entre as principais está a criação de um **círculo de confiança** no qual as pessoas se sintam livres para ser quem verdadeiramente são; um lugar onde não precisem vestir personagens para serem aceitas e respeitadas porque, como vemos na Figura 3.2, confiança gera segurança, ousadia e cooperação, enquanto a desconfiança produz insegurança, medo e individualismo.

Um líder que opera na base da desconfiança precisará necessariamente fazer uso de poder e controle para que as pessoas atendam aos seus desejos. E o grande problema desse jeito de liderar é que ele até funciona, porém por pouco tempo, porque "coisas" podem ser controladas, mas pessoas, não. Pessoas vivem na esperança de estabelecer relações de confiança, resultado de uma liderança que conquista reconhecimento de sua autoridade pelo respeito que tem pelas pessoas, já que a contrapartida do poder é a obediência, enquanto o resultado da autoridade é o respeito.

Figura 3.2 Obediência x Respeito

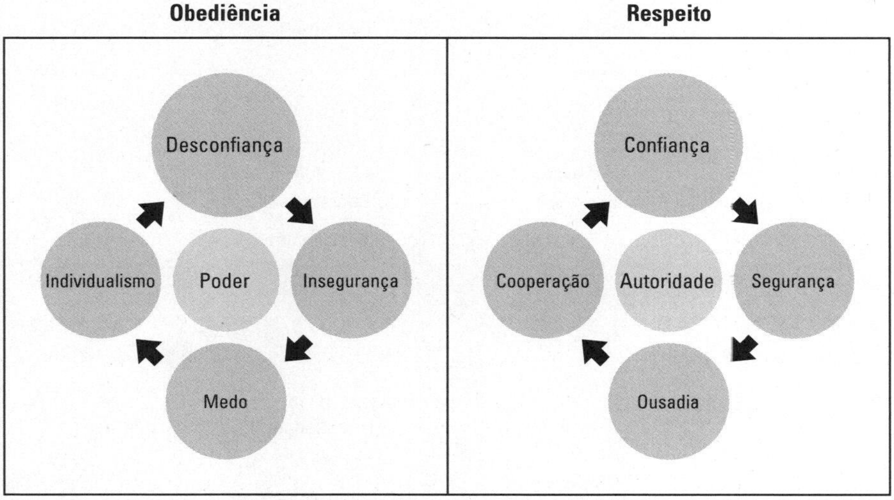

Obediência: Desconfiança, Individualismo, Poder, Insegurança, Medo

Respeito: Confiança, Cooperação, Autoridade, Segurança, Ousadia

Fonte: elaborada pelo autor.

No entanto, a confiança é algo abstrato e difícil de medir; por isso, um dos principais objetivos deste livro é transformá-la em algo mais concreto e observável, de maneira que cada um de nós possa compreendê-la com mais clareza e então aperfeiçoar as características e as competências necessárias para torná-la cada vez mais forte e consistente em nossas relações. O próximo passo é nos conscientizar de que a confiança é uma habilidade e, como tal, pode ser aprendida. Para isso, quero apresentar a vocês as **4 dimensões da confiança**, que proporcionam um jeito mais completo e concreto de olhar para as relações.

A construção de relações de confiança passa necessariamente por um conjunto de atitudes e competências distribuídas em quatro diferentes dimensões: **autoconfiança, confiança pessoal, confiança interpessoal** e **confiança realizacional**. Quando atendidas, essas dimensões favorecem o estabelecimento de relações significativas e produtivas. Porém, quando uma delas – apenas uma – deixa de ser observada, as relações ficam comprometidas, tornando-se frágeis, inviáveis e improdutivas.

Figura 3.3 As 4 dimensões da confiança

Como podemos observar na Figura 3.3, as 4 dimensões da confiança são resultado da combinação de outras quatro características: individual, coletivo, caráter e capacidades. "Individual" e "coletivo" são autoexplicáveis; já "caráter" identifica as dimensões mais conectadas com a maneira como expressamos os valores que adquirimos ao longo da vida, e "capacidades" mostra as dimensões que têm a ver com o desenvolvimento de habilidades. Nos próximos capítulos conversaremos em detalhes sobre cada uma delas, mas vejamos rapidamente o que elas significam e qual sua importância na construção de verdadeiras relações de confiança:

Dimensão da autoconfiança

Quem você é

Individual-capacidades: conhecer e confiar em si mesmo é o ponto de partida para a construção de relações de confiança pelo simples fato de que ninguém consegue dar aquilo que não tem. Portanto, antes de oferecer confiança aos outros, precisamos oferecê-la a nós mesmos, porque, quando o "estoque interno" de confiança está baixo, a dimensão da autoconfiança fica comprometida e o medo, a insegurança e o individualismo passam a dominar as relações.

Nos últimos anos, tenho dedicado uma considerável parcela do meu tempo a pesquisar alguns modelos de construção de confiança existentes, e, por mais incrível que possa parecer, a grande maioria desses modelos fala muito pouco sobre a importância da autoconfiança, o que, em minha opinião, os torna frágeis e incompletos.

Dimensão da confiança pessoal

Como você vive

Individual-caráter: enquanto a dimensão da autoconfiança nos ajuda a ampliar o autoconhecimento, a dimensão da confiança pessoal nos permite expressar quem realmente somos por meio de atitudes e comportamentos que demonstrem honestidade, integridade, ética, transparência, valores e exemplo.

Somos naturalmente educados por nossos pais, família e sociedade a sermos pessoas de bem, não é verdade? Por isso, a dimensão da confiança pessoal é, entre todas, a mais "natural" para nós, o que pode transmitir a ideia de ser algo simples de lidar em nosso dia a dia, porém não é bem assim. Temos a tendência de nos acostumar com ela e, ao longo da vida, fazermos pequenas concessões que sorrateiramente vão se incorporando aos nossos comportamentos e, sem que percebamos, enfraquecem essa dimensão.

Dimensão da confiança interpessoal

Como você trata as pessoas

Coletivo-caráter: somos seres sociais e, portanto, precisamos de relacionamentos. Vivemos em um mundo em completa transformação que os especialistas chamam de mundo exponencial e VUCA (sigla em inglês para Volátil, Incerto, Complexo e Ambíguo), onde a única coisa que não muda é que tudo muda o tempo todo; um mundo onde a certeza é incerta e a insegurança faz parte do nosso cotidiano. Guardadas as devidas proporções, vivemos hoje em um ambiente quase tão inóspito quanto aquele em que viveram os nossos antepassados, e, como eles, também sentimos a necessidade de contar com o apoio e a solidariedade de outros seres humanos.

Como você já deve ter percebido, uma das expressões mais utilizadas no cotidiano corporativo é "precisamos fazer mais com menos". Isso tem levado nossos líderes a se preocuparem muito mais com "o que" entregam do que "como" entregam. Por isso, a dimensão da confiança interpessoal nos ajuda a compreender que o "como" é tão ou mais importante do que "o quê"; que números positivos e bons resultados quantitativos nem sempre são sinônimos de bons resultados qualitativos; que os resultados de curto prazo podem estar comprometendo a longevidade e a perenidade da organização.

Dimensão da confiança realizacional

O que você é capaz de realizar

Coletivo-capacidades: "realizacional" é um neologismo que expressa exatamente o que essa dimensão representa: o nível de competência, a capacidade de realizar, de fazer acontecer, de ter iniciativa com "acabativa", enfim, de entregar ou superar os resultados esperados.

Diferentemente das outras três dimensões, que são universais, a confiança realizacional é uma dimensão situacional, já que está ligada ao contexto no qual a expectativa é que realizemos algo ou entreguemos os resultados esperados. Se, por exemplo, eu tiver de passar por uma cirurgia do coração, por mais que confie na minha mãe em todas as outras dimensões, certamente não entregaria essa responsabilidade em suas mãos, simplesmente porque, não sendo cirurgiã, não é competente para essa tarefa. Isso, contudo, não significa que eu não confio nela, mas que minha confiança nela é inteligente o suficiente para preservar a nossa relação e, nesse caso específico, também a minha vida.

* * *

Como você pode deduzir, ainda temos muito que conversar sobre confiança. Por isso, nas próximas páginas, vamos nos aprofundar nessas quatro dimensões com o objetivo de ampliar nossa consciência sobre a importância de cada uma, e também refletir a respeito do tratamento que temos dado a elas em nossas relações pessoais e profissionais.

Para tanto, discutiremos as crenças, as atitudes e os comportamentos que compõem essas quatro dimensões, permitindo-nos identificar aquilo que podemos fazer para construir, melhorar ou potencializar as relações de confiança.

4
A dimensão da autoconfiança

A gente só consegue dar daquilo que tem

"A ÚNICA MANEIRA PELA QUAL PODEMOS ESPERAR
QUE OS OUTROS CONFIEM EM NÓS É: PRECISAMOS SER
CONFIÁVEIS, ESPECIALMENTE PARA NÓS MESMOS."
SIDNEY MADWED

Partindo dos princípios de que só conseguimos oferecer aos outros aquilo que temos e de que atraímos aquilo que pensamos e sentimos, antes de se estabelecer do lado de fora, uma relação de confiança precisa acontecer primeiro do lado de dentro, por meio da construção de uma boa relação de confiança consigo mesmo, ou seja, pelo desenvolvimento da autoconfiança.

.... ● ....

Soichiro era uma criança curiosa. Aos 8 anos, já havia construído uma bicicleta e, aos 13, acumulava uma série de pequenas "invenções". Aos 16 anos, foi para Tóquio trabalhar como aprendiz numa oficina mecânica e, poucos anos mais tarde, voltou para sua cidade natal, onde abriu a própria oficina.

Trabalhava dia e noite, inclusive dormindo na oficina. Para poder continuar os negócios, empenhou as joias da esposa. Quando apresentou o resultado final de seu trabalho a uma grande empresa, disseram-lhe que seu produto não atendia ao padrão de qualidade exigido. Mas Soichiro, que confiava em seu potencial e em seu trabalho, continuou aprimorando sua competência e suas invenções, e, dois anos depois, a mesma empresa que o tinha recusado finalmente fechou contrato com ele.

Anos mais tarde, depois da Primeira Guerra Mundial, por conta da escassez de combustível no país, o que impedia as pessoas de circular pelas ruas com seus automóveis, Soichiro decidiu então adaptar um pequeno motor para colocar em sua bicicleta e saiu com ela pelas ruas. Os vizinhos ficaram maravilhados e também queriam as chamadas "bicicletas motorizadas". A demanda por seus motores aumentou muito e ele logo precisou expandir mais o seu negócio.

Anos se passaram, e hoje a Honda Motor Company é um dos maiores impérios da indústria automobilística japonesa, conhecida e respeitada em todo o mundo. Tudo porque o sr. Soichiro Honda, seu fundador, tinha autoconfiança suficiente para não se deixar abater pelos obstáculos que encontrou pela frente.

.... ● ....

Acreditar nos outros é muito importante, mas acreditar em si mesmo é ainda mais. Lembro-me de um cliente de coaching que costumava culpar o "mundo" pelas coisas que não conseguia conquistar ou realizar: "Não confio nas pessoas", "Não confio neste país", "Não confio na minha empresa nem no meu chefe", "Na minha equipe, é um querendo puxar o tapete do outro. Não dá pra confiar em ninguém". Um belo dia, ele chegou para uma de nossas sessões e declarou: "Agora entendo que não confio nos outros porque não confio em mim, e por isso projeto nas pessoas aquilo que me falta".

Se não bastasse o fato de diminuir drasticamente a possibilidade de confiarmos nos outros, a falta de autoconfiança aumenta também a sensação de ameaça e insegurança, coloca nosso cérebro em estado de alerta e produz comportamentos de defesa ou ataque que, em geral, são muito desproporcionais ao fato gerador. Se você já participou de uma reunião na qual alguém faz uma pergunta simples a quem está conduzindo a apresentação, buscando mais informações sobre o tema, e, sem qualquer motivo aparente, recebe uma resposta de ataque ou defesa completamente desproporcional à intenção da pergunta, sabe do que estou falando.

É importante ressaltar que o excesso de confiança também pode ser um problema. Assim como a **síndrome do impostor** – em que a pessoa tem talento para algo mas não consegue reconhecer ou não se sente apta para realizar certa atividade –, que atrapalha o desenvolvimento da autoconfiança, a **síndrome do super-herói**, fruto do excesso de autoconfiança, tampouco ajuda, já que pode nos dar uma sensação de autossuficiência e arrogância, levando-nos a acreditar que já não precisamos continuar aprendendo, nem precisamos dos outros. Portanto, como a maioria das coisas na vida, a resposta está no equilíbrio; equilíbrio em buscar um nível de autoconfiança que nos permita confiar em nós mesmos e, ao mesmo tempo, nos liberte para confiar nos outros.

Neste exato momento você pode estar pensando: "Puxa vida! Essa tal de autoconfiança não é fácil!". Se este é o seu caso, quero lhe dizer que está absolutamente certo. A dimensão da **autoconfiança** é, principalmente para os ocidentais, uma dimensão um tanto incomum, complexa e até mesmo negligenciada, e um dos fatores que influenciam essa visão é que somos aculturados e educados a "olhar para fora", a encontrar soluções para os problemas "do lado de fora". Consequentemente, "olhar para dentro" é uma proposta que muda de forma radical a perspectiva e o nosso jeito natural de ver o mundo.

Essa é uma característica cultural, já que, em determinado momento da civilização, os ocidentais decidiram pela busca do desenvolvimento de maneira exógena, focando no entendimento da matéria, enquanto os orientais preferiram fazer isso de maneira endógena, olhando para tudo aquilo que é interior e espiritual. Só para deixar claro, um não é melhor do que o outro, já que o espírito precisa da matéria para se manifestar. Contudo, são maneiras bem diferentes de olhar o mundo e tudo aquilo que é "auto", "*self*" ou "interior" é mais estranho e complicado para os ocidentais.

Novamente, vemos aqui a importância de encontrar o equilíbrio, porque, sem as duas dimensões, o ser humano fica incompleto. É preciso buscar o desenvolvimento tanto do que está do lado de fora, daquilo que é visível, como daquilo que está do lado de dentro, o invisível, que revela a nossa verdadeira essência, o verdadeiro eu.

Enfim, se fosse muito fácil não teria graça, certo?

Mas, antes de seguirmos em frente, eu gostaria que você parasse para refletir por alguns minutos. Com base no que sabe hoje sobre autoconfiança, responda: de 1 a 10, quanto você confia em si mesmo? Se sua nota for menor do que 10, pense sobre o que falta para que chegue mais perto da nota máxima. Talvez esteja faltando conhecer um pouco mais sobre como você "funciona", suas emoções, seus pontos fortes e fracos ou comportamentos que ajudam ou atrapalham. Estou seguro de que as próximas páginas o ajudarão nessa jornada.

Vejamos agora as principais características e competências que devemos considerar para elevar o nível de autoconfiança.

Autoconhecimento

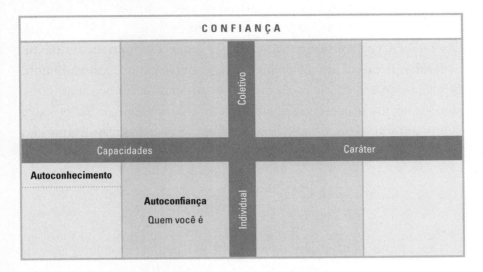

A autoconfiança começa pelo autoconhecimento. Quando eu pergunto às pessoas: "Pense em uma reunião na qual você estava autoconfiante e seguro. Por que se sentiu assim?". Em geral, a resposta é: "Porque eu conhecia bastante o tema que seria tratado ali" ou "Porque eu dominava o assunto".

Em seguida, outra pergunta: "Agora, pense em uma reunião na qual você se percebeu inseguro e menos autoconfiante. Por que se sentiu assim?". E a resposta mais comum e óbvia, porém necessária para completarmos nosso raciocínio, é: "Porque conhecia pouco o tema que seria discutido".

Essas oscilações de autoconfiança acontecem porque, como mencionei anteriormente, acreditamos que esse é um sentimento que vem de fora para dentro, que depende do nível de conhecimento que temos sobre os assuntos ou

> O primeiro passo na construção da autoconfiança é o autoconhecimento, a capacidade de olhar para dentro e saber quais são nossas virtudes e nossos defeitos, nossas forças e nossas fraquezas.

temas que estão à nossa volta; contudo, não é bem assim que as coisas funcionam. O nível de autoconfiança aumenta à medida que cada um de nós amplia o conhecimento sobre "seu próprio assunto", quando busca saber mais sobre si mesmo, porque essa é a única maneira de não depender do que acontece do lado de fora para se sentir autoconfiante. É por isso que o primeiro passo na construção da autoconfiança é o autoconhecimento, a capacidade de olhar para dentro e saber quais são nossas virtudes e nossos defeitos, nossas forças e nossas fraquezas.

.... • ....

O homem vai ao médico e diz:
– Doutor, minha mulher já não ouve tão bem quanto antes. O que eu faço?
– Faça um teste para sabermos qual é o tamanho do problema. Quando estiverem sozinhos, sem barulho por perto, fique a uns cinco metros dela e faça uma pergunta. Se ela não responder, vá se aproximando e repetindo a pergunta até ela ouvir – orientou o médico.
O marido então vai para casa e encontra a mulher na cozinha, preparando o jantar. Ele calcula os cinco metros e pergunta:
– Querida, o que temos para o jantar?
Como não há resposta, ele chega mais perto.
– Querida, o que temos para o jantar?
Ainda sem resposta, ele se aproxima mais um pouco.
– Querida, o que temos para o jantar?
Nada; nenhuma resposta. Agora ele está quase colado nela.
– Querida, o que temos para o jantar?
– Eu vou repetir pela quarta vez: frango!

.... • ....

Enxergar problemas e defeitos nos outros é fácil; difícil é percebê--los e reconhecê-los em nós mesmos. Se eu lhe perguntasse quais são os seus três principais pontos fortes e fracos, qual seria a sua resposta? Para a maioria das pessoas, os pontos fortes aparecem rápido, porém os fracos tendem a demorar um pouco mais, e às vezes aparecem como pontos fortes "disfarçados" de fracos – "sou perfeccionista", "sou viciado em trabalho", "sou muito ansioso e não sossego até que todo o trabalho fique pronto". Quem trabalha com recrutamento sabe bem do que estou falando, porque esse tipo de resposta é muito comum em processos de seleção.

Além da falta de autoconhecimento, isso também acontece porque o ser humano "sai de fábrica" com algumas características bem curiosas, como a capacidade de formular conceitos sobre qualquer outra pessoa, exceto sobre si mesmo, e a tendência de julgar os outros por suas ações e a si mesmo pelas intenções, usando suas boas intenções para justificar erros e amenizar os resultados negativos.

Tenho certa resistência a verdades absolutas, mas, neste caso, realmente acredito que a visão que temos de nós, na maioria das vezes, não é tão realista assim; em muitos momentos, somos estranhos para nós mesmos porque não sabemos quem realmente somos. A boa notícia é que existe espaço para mudarmos e evoluirmos, e o primeiro passo para a mudança é ter consciência de si, ou seja, autoconhecimento.

O primeiro passo para a mudança é a consciência

Autoconhecimento tem a ver com perguntas básicas e essenciais ao ser humano: por que eu acordo todos os dias? Quem sou eu? Qual é o legado que quero deixar para o mundo? Qual é a minha visão de futuro e o que preciso fazer para chegar lá? Quais são os meus talentos, os meus pontos fortes e as minhas fraquezas? Pelo que sou apaixonado? O que me incomoda? O que me traz paz? O que me deixa preocupado? O que mais admiro nas pessoas? Quais são os meus principais valores e quanto eu os vivo? Enfim, perguntas que provocam reflexões interiores e cujas respostas, embora não sejam simples, são imprescindíveis na busca por autoconhecimento. Aliás, aproveitando este momento de reflexão, com que clareza você consegue respondê-las?

Como para falarmos sobre cada uma delas seriam necessárias muitas páginas, vou buscar ser prático e objetivo, focando naquilo que é essencial e mais importante para o contexto da confiança, que é o nosso tema. Para isso, trataremos a questão do autoconhecimento em três níveis, representados por apenas três perguntas: o que você está fazendo? O que você está sentindo? Quais são os seus pontos cegos?

Primeiro nível – O que você está fazendo?

Costumo dizer que nos deixamos distrair pela vida. Certamente, a distração é algo bom para a saúde física, emocional, mental e espiritual, mas o fato é que hoje em dia, principalmente em função das "telinhas", o nível de distração tem aumentado muito. É mais fácil mergulhar no celular, na televisão e nas redes sociais e deixar a mente viajar, criando abrigos onde às vezes nos escondemos, do que lidar com nossas próprias questões. Um remédio fugaz, e muitas vezes viciante, que apenas nos afasta da solução dos problemas reais.

Reflita, portanto, sobre o que você está fazendo. Para atingir o primeiro nível de autoconhecimento, é preciso investir tempo de qualidade em si mesmo, pensando sobre suas atitudes e hábitos diários, observando se eles lhe trazem bem-estar e felicidade, e quanto o aproximam daquilo que realmente busca para sua vida e para a vida daqueles que estão à sua volta. Tenha reuniões diárias com você; dedique algum tempo todos os dias, ainda que sejam poucos minutos, para observar a si mesmo e responder a essas perguntas.

Segundo nível – O que você está sentindo?

De acordo com a neurociência, nós operamos cerca de 95% do tempo no "piloto automático", livres de qualquer esforço cerebral para realizar nossas atividades cotidianas, incluindo aquelas que tocam mais fundo os nossos sentimentos e emoções.[1] Porém, por não termos sido ensinados a explorar as nossas emoções, simplesmente as ignoramos.

Quantas vezes sentimos tristeza ou angústia sem a mínima ideia da origem desse sentimento?

O fato é que o ser humano é um bicho muito estranho; neste planeta, somos o único ser vivo capaz de pensar sobre os próprios pensamentos, o que nos faz mais inteligentes e nos diferencia dos outros animais; contudo, pouco utilizamos esse diferencial e, aos poucos, vamos nos transformando em analfabetos emocionais.

Por isso, responder às perguntas "O que você está sentindo?" e "Por quê?" pode ajudá-lo a entender aquilo de que gosta e de que não gosta, sem juízo de valor. A inteligência emocional é uma das competências mais importantes no mundo em que vivemos atualmente, portanto, estar consciente de suas emoções, utilizando-as a seu favor, é um dos maiores presentes que você pode dar a si mesmo e aos outros.

Terceiro nível – Quais são os seus pontos cegos?

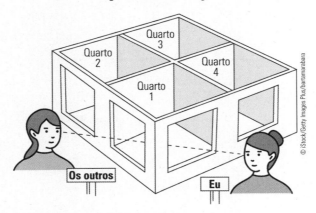

Figura 4.1 Pontos cegos

Fonte: adaptada de <https://jorgeaudy.com/2015/06/20/janela-de-johari>.

Quem dirige um automóvel sabe muito bem o que é um ponto cego: algo que está fora do nosso campo de visão. Todos os que estão ao nosso redor conseguem ver algo que nós não conseguimos. No contexto que estamos abordando aqui, pontos cegos são o que não vemos ou tentamos esconder, consciente ou inconscientemente, porque não correspondem à imagem idealizada que temos de nós mesmos. Como ilustra a Figura 4.1, existem "quartos" da nossa vida que nós não conseguimos enxergar, embora os outros consigam. Portanto, para que esses pontos apareçam e nos ajudem a nos tornar uma versão melhor de nós mesmos a cada dia, certamente precisaremos de ajuda externa, tanto para reforçar e potencializar aquilo em que somos bons como para perceber aquilo em que podemos melhorar; afinal, na vida a gente não gabarita, certo? Irei me profundar um pouco mais neste terceiro nível porque, de alguma maneira, ele também suporta os dois primeiros. Para isso, vou falar sobre uma das mais simples e poderosas ferramentas de ampliação de consciência e fortalecimento do autoconhecimento; uma ferramenta que, infelizmente, tem sido ignorada por muitas pessoas, incluindo muitos líderes, impactando diretamente no nível de autoconhecimento dos indivíduos.

Você já deve imaginar que ferramenta é essa: é o feedback, que, para muitos, é sinônimo de bronca e crítica, e que inclusive já ganhou alguns apelidos no mundo corporativo, entre eles "*feedcrew*" (você já deve imaginar por que) e "Parmalat", porque, quando a pessoa sai da conversa, alguém a encontra e pergunta "E aí, tomou?". Sinceramente, isso tudo é uma grande besteira. O feedback é uma das principais ferramentas de autoconhecimento e de construção de relações de confiança porque as pessoas só dão feedback para aqueles por quem elas minimamente se interessam.

.... • ....

O escritor americano Barry J. Farber, que teve seu primeiro livro, *State of the Art Selling*, recusado por 26 editoras, comenta sobre a experiência:

"Hoje eu sei por que muitos escritores talentosos não conseguem publicar um livro. Quando seu trabalho é rejeitado pelos editores, eles se deixam abater, e sua confiança e perseverança se esvaem.

"Depois de algumas rejeições, liguei para meu agente e perguntei qual era o problema. Ele apenas disse que havia muitos livros à venda no mercado, por isso os editores estavam hesitando em pegar mais um. Eu, porém, sabia que tinha uma abordagem nova e ideias importantes para acrescentar, por isso, depois da rejeição seguinte, liguei para o editor e perguntei o que eu poderia fazer para aumentar minhas chances. O que faltava no meu livro? O que meu livro precisava para se destacar e ser aceito?

"E assim continuei. Cada rejeição era seguida de um telefonema semelhante, e assim as mudanças sugeridas foram incorporadas. A essa altura, eu estava aguardando ansiosamente cada rejeição, porque cada uma delas me ajudava a escrever meu livro!

"A valiosa lição que aprendi foi não considerar as críticas e rejeições como sinônimo de fracasso, mas como um recurso para melhorar aquilo que faço, mesmo que, em minha opinião, já esteja bom. Quando o 27º editor comprou meu livro, ele não estava levando um original que havia fracassado 26 vezes. Estava levando um original que havia se beneficiado do conselho de outros 26 profissionais."[2]

⋯⋯⋯⋯⋯⋯⋯⋯⋯⋯⋯⋯⋯⋯⋯⋯ • ⋯⋯⋯⋯⋯⋯⋯⋯⋯⋯⋯⋯⋯⋯⋯⋯

É verdade que não é fácil nem gostoso ouvir observações inesperadas sobre nós, principalmente quando falam sobre atitudes, comportamentos e resultados que não estão bons. No entanto, já que estamos falando sobre confiança, confie no que eu digo: aprender a receber feedbacks é um dos principais recursos para a ampliação do autoconhecimento. Por isso, permita-me ajudá-lo a compreender melhor como isso funciona.

Entenda que um feedback, em geral, não necessariamente diz respeito ao que fazemos, mas à percepção das pessoas sobre aquilo que fazemos, algo sobre o qual tampouco temos controle. Por exemplo, o líder que decide não delegar uma atividade por entender que a equipe está sobrecarregada pode, apesar de sua boa intenção, passar a impressão de ser centralizador ou de que não delega porque não confia que alguém será capaz de realizar o trabalho, e provavelmente receberá um feedback baseado nessa percepção, por mais injusto que possa ser em seu ponto de vista. Portanto, conscientize-se de que grande parte dos feedbacks que você irá receber estará ancorada em percepções de terceiros, e não em suas intenções.

Para receber feedback é preciso primeiro aceitar que não temos controle sobre a maneira como as pessoas conduzirão o processo. Por isso, nesse momento, o que menos importa é como a outra pessoa o faz. Pode ser que ela esteja nervosa, que seja dura demais, que julgue, que faça em público, enfim, isso não é bom, mas não é o mais importante, porque, no meio daquilo que for dito, certamente virão observações que podem contribuir para o seu autoconhecimento. Portanto, ao receber feedback, não se preocupe com quem o oferece, mas com você. Extraia daquilo que está sendo dito tudo o que pode ajudar você a se conhecer melhor e crescer.

Busque encarar os feedbacks como um presente.

Nesse sentido, busque encarar os feedbacks como um presente. Você gosta de receber presentes? Acredito que sim, mas provavelmente já recebeu algum do qual não tenha gostado. Como você reagiu? Mesmo não gostando do presente, é provável que o tenha recebido e agradecido à pessoa que teve a consideração, a preocupação e o trabalho de ir até você entregá-lo. Fez isso porque quis tornar agradável a experiência dessa pessoa em lhe dar o presente para que outros presentes venham dela no futuro. Entretanto, se a sua reação fosse negativa, tornando a experiência desagradável, provavelmente esse seria o último presente que essa pessoa lhe daria. O agradecimento, portanto, não é pelo presente em si, mas pela disposição da pessoa em presenteá-lo.

Sendo assim, ao receber feedbacks, procure evitar argumentações, terceirizações, justificativas, negações ou quaisquer outras "técnicas" que possam tornar negativa a experiência de quem lhe oferece esse presente. No momento de receber feedbacks, procure dominar a única coisa que realmente está sob seu controle: a sua reação.

Pode até ser que você esteja se perguntando: "Então eu tenho que aceitar e concordar com tudo o que dizem sobre mim?". Seguramente que não! Receber feedback não significa necessariamente aceitá-lo, mas espere a emoção sair de cena para refletir sobre o que ouviu, e, então, racionalmente, extraia dele tudo aquilo que puder aumentar seu autoconhecimento e ajudá-lo a se tornar um ser humano e um profissional ainda melhor. Ao receber um feedback, procure agir da seguinte maneira:

- Desarme-se.
- Mantenha o autocontrole.
- Ouça com atenção.
- Pergunte e esclareça, caso tenha alguma dúvida.
- Agradeça.
- Deixe a emoção passar e reflita sobre o que foi dito.
- Organize o que ouviu.
- Reconheça os pontos válidos.
- Pergunte-se: "O que eu aprendo com isso?".
- Trabalhe para melhorar aquilo que considerar importante.
- Posteriormente, dê um retorno sobre o assunto à pessoa que lhe deu feedback. Isso vai reforçar a confiança e a vontade dela em lhe dar mais "presentes".

As cientistas Tessa West e Katherine Thorson, da Universidade de Nova York, conduziram um estudo que monitorava os batimentos cardíacos e a atividade cerebral de pessoas durante negociações simuladas. Ao final de cada negociação, alguns grupos foram instruídos a pedir feedback, enquanto outros foram instruídos a dar. Os resultados mostram que tanto dar como receber feedback geram o mesmo nível de ansiedade. No entanto, quando as pessoas recebem feedbacks que não foram solicitados, as frequências cardíacas oscilam de modo irregular, com picos equivalentes a eventos muito estressantes.[3]

Contudo, elas também constataram que o ato de pedir feedback ajuda a manter a conversa num tom menos doloroso e ameaçador. O mapeamento do cérebro e dos batimentos cardíacos mostrou que nesse tipo de conversa existe um sentimento de maior controle da situação, o que aumenta a sensação de autonomia e certeza, e ativa as áreas de recompensa do cérebro. Dessa maneira, as pessoas conseguem orientar melhor a conversa e se sentir mais confiantes sobre os tópicos que serão discutidos.

A pesquisa mostrou ainda que, nesse contexto, as pessoas que estão dando feedback também se sentem mais seguras para falar o que precisa ser dito, por não precisarem adivinhar que tipo de informação será mais útil ao interlocutor, tornando o feedback mais honesto e assertivo. Por isso, não espere apenas que as pessoas o procurem para dar feedbacks, solicite-os.

Na pesquisa Confiança na liderança, que realizei em 2019 com mais de 1.450 pessoas em todo o Brasil, um dos itens, relacionado à disposição e à disponibilidade dos líderes em receber feedbacks, apresentou o seguinte resultado para a pergunta: "Meu líder pede e recebe com naturalidade feedbacks sobre o seu próprio desempenho, comportamentos e atitudes?":

Tabela 4.1 Como a liderança lida com feedbacks

Opções de resposta	Respostas	
Nunca é verdade	21,03%	306
Na maioria das vezes não é verdade	22,68%	330
Às vezes é verdade	23,09%	336
Na maioria das vezes é verdade	22,96%	334
Sempre é verdade	10,24%	149
Total	**100,00%**	**1.455**

Fonte: elaborada pelo autor, 2019.

Como fica claro pelas respostas recebidas, a maioria dos líderes não demonstra muita disposição em pedir e receber feedbacks. E você? Independentemente de qual seja a sua resposta, creia-me, receber feedbacks é o caminho mais curto e poderoso para o nosso desenvolvimento pessoal e profissional; portanto, fomente essa boa prática em sua vida.

É importante lembrar que, como líder, além de buscar autoconhecimento para si mesmo, é imprescindível que apoie as pessoas nessa busca, para que elas possam também colaborar na construção de relações de confiança não apenas com você, sua equipe e sua organização, mas com todos os que estão ao redor delas, porque só assim conseguiremos espalhar a semente da confiança pelo mundo.

Outra ferramenta poderosíssima na potencialização do autoconhecimento é a meditação. Não iremos nos aprofundar neste tema, mas é importante que você saiba que essa é uma prática que leva a um estado de maior clareza e observação de si mesmo. Se você ainda não medita, comece e verá. Você encontrará bastante material de apoio, como textos e vídeos, na internet.

Como líder, além de buscar autoconhecimento para si mesmo, é imprescindível que apoie as pessoas nessa busca, para que elas possam também colaborar na construção de relações de confiança não apenas com você, sua equipe e sua organização, mas com todos os que estão ao redor delas.

Apesar de sua importância como primeiro passo na jornada do fortalecimento da autoconfiança, apenas autoconhecimento não é suficiente – e pode, até certo ponto, ser perigoso –, por isso, precisamos combiná-lo com reconhecimento e autoaceitação, que prefiro chamar de **vulnerabilidade**, e é a segunda característica da dimensão da **autoconfiança**.

Vulnerabilidade

	CONFIANÇA	
	Coletivo	
Capacidades		Caráter
Autoconhecimento		
Vulnerabilidade	Autoconfiança	
	Quem você é	Individual

Assim como saber e não fazer é o mesmo que não saber, autoconhecimento sem ação não serve para muita coisa. É por isso que a vulnerabilidade tem um papel fundamental na jornada da autoconfiança; ela nos ajuda a reconhecer e aceitar aquilo que descobrimos sobre nós mesmos para que possamos então nos habilitar para uma mudança, já que ela se torna possível à medida que reconhecemos o que mudar.

Uma das melhores definições de vulnerabilidade que conheço encontra-se no livro *A coragem de ser imperfeito*, de Brené Brown: "Vulnerabilidade não é conhecer vitória ou derrota; é compreender a necessidade de ambas, é se envolver, se entregar por inteiro", mas ainda prefiro a minha própria definição, por ser mais simples e objetiva: "Vulnerabilidade é um ato de coragem". Coragem de reconhecer que sou humano, e, como tal, imperfeito; coragem de assumir que, por melhor que eu seja, ainda existe muito espaço para melhorar em qualquer área da minha vida; coragem de dizer "eu não sei"; coragem de tentar algo novo, de errar, de reconhecer meus erros, sabendo que eles não me definem como pessoa; coragem de ser eu mesmo, de ser autêntico, de me mostrar sem máscaras e permitir que as pessoas à minha volta se relacionem comigo, e não com um ator ou personagem.

.... • ....

Dailza Damas aprendeu a nadar aos 28 anos para incentivar seu filho, que tinha bronquite, a praticar natação. Em pouco tempo, percebeu que a piscina era muito pequena para abrigar seus sonhos, então decidiu nadar em mar aberto.

Em 1993, tornou-se uma das poucas nadadoras brasileiras a atravessar o Canal da Mancha. Na primeira vez, em 19 horas e 16 minutos; na segunda, em 10 horas e 48 minutos. Depois, contornou a ilha de Fernando de Noronha, atravessou o Canal de Catalina, nos Estados Unidos, contornou a Ilha do Mel, no Paraná, atravessou o Estreito de Gibraltar, contornou a ilha de Manhattan e atravessou o Mar da Galileia. Ela é considerada uma das maiores nadadoras de mar aberto do mundo.

Dailza morreu precocemente, em 2008, aos 50 anos, quando se recuperava de uma cirurgia para retirada de um tumor no cérebro. Mas, como disse o ex-primeiro-ministro britânico Benjamin Disraeli: "A vida é muito curta para ser pequena". Apesar de curta, a vida de Dailza foi grande, deixando um forte legado para todos aqueles que, direta ou indiretamente, a conheceram.

Em uma de suas entrevistas, disponível na internet, ela comenta que enfrentava ondas de mais de quatro metros de altura e via o barco que a acompanhava subindo e descendo entre as ondas, e em determinado momento o repórter pergunta:

– Mas você não sentia medo?

– Sentia, sim. Aliás, creio que todo mundo sente medo em várias situações da vida, e então escolhemos entre "ficar com medo" e "ir com medo"; eu escolhia "ir com medo".

.... • ....

Ao contrário do que muitos pensam, coragem não significa ausência de medo, mas a decisão de seguir em frente apesar dele. Por isso, quando digo que vulnerabilidade é um ato de coragem, faço-o principalmente com a intenção de lembrar a mim mesmo que sentir medo é bom porque me protege de muitos perigos do cotidiano. Sendo assim, sua principal função é nos ajudar a seguir vivos, e não nos impedir de viver, que é exatamente o que ele faz quando nos aprisiona na jaula da vergonha de mostrar nossa vulnerabilidade.

Em meus treinamentos e workshops com líderes de diferentes níveis, a vulnerabilidade é reconhecida pela grande maioria como a característica mais deficiente e negligenciada na construção de relações de confiança nas organizações, principalmente porque, no entendimento de muitos, a vulnerabilidade está associada a fraqueza e fragilidade.

Vulnerabilidade não é uma questão de ganhar ou perder, de ser bom ou ruim, de ser grande ou pequeno, mas de reconhecer que a polaridade faz parte da vida.

Talvez um dos motivadores desse pensamento seja o fato de que a vulnerabilidade exige humildade, que, equivocadamente, é associada a conformismo, algo que, em teoria, nos afasta do sucesso. Um raciocínio lógico, porém completamente equivocado. Afinal, no processo de construção de relações de confiança, essa falta de coragem para demonstrar vulnerabilidade nos leva, consciente ou inconscientemente, à necessidade de adotar personagens, máscaras, armaduras, redomas e capas de super-heróis para podermos ser vistos como desejamos e não como realmente somos. Uma postura performática que em nada colabora para a construção de relações de confiança, porque apenas ilude as pessoas. É como tentar manter uma bola de pilates no fundo da piscina; a gente até consegue, mas certamente vai durar pouco tempo e consumir muita energia.

O fato é que a incerteza, os riscos e a exposição emocional que enfrentamos diariamente não são opcionais; portanto, para que consigamos nos manter íntegros e autênticos, o grito da coragem de ser vulnerável precisará ecoar mais alto. Porque, assim como a luz brilha mais forte no escuro, a coragem não existe no vazio: ela é uma resposta a situações desafiadoras. Vulnerabilidade não é uma questão de ganhar ou perder, de ser bom ou ruim, de ser grande ou pequeno, mas de reconhecer que a polaridade faz parte da vida. Ao abrir espaço para a vulnerabilidade, permitimo-nos nos envolver e nos entregar por inteiro à busca de um nível de equilíbrio que crie condições para que nos adaptemos às demandas do cotidiano, mas que também nos liberte para viver de maneira autêntica, atendendo prioritariamente aos nossos próprios objetivos.

Ser perfeito é uma condição muito sedutora, mas irreal para mim e para você; portanto, em vez de ficarmos sentados à beira do caminho, ouvindo julgamentos e críticas, e assistindo à vida passar pela falta de ousadia de deixar que os outros nos vejam como realmente somos, que tal escolher seguir em frente apesar disso e ter a coragem de sermos imperfeitos, de vivermos com ousadia e de nos amar e aceitar como seres humanos; enfim, que tal se permitir ser vulnerável? Afinal, já sabemos que não existem líderes perfeitos, mas tampouco existem líderes que não estejam em aperfeiçoamento, por isso, evite pautar a sua vida e o seu comportamento pela opinião dos outros a seu respeito, até mesmo porque não conseguimos controlar o que eles pensam sobre nós. Relaxe e *"viva la vida"*. O principal mestre de um líder é o seu último erro.

O perfeccionismo é, em geral, um movimento defensivo que nasce no ego, uma tentativa de obter aprovação, um jeito de tentar corresponder às expectativas dos outros, uma maneira de evitar a vergonha, enfim, um escudo que, em vez de nos proteger, nos impede de sermos vistos. No cenário em que vivemos atualmente, é incoerente pensar em perfeição ou perfeccionismo. Neste mundo rápido, digital, exponencial, ágil e em constante transformação, em que o aprendizado não acontece apenas pela aquisição de conhecimento, mas pela disposição em "errar rápido para aprender rápido", é utópico pensar em perfeição.

O fato é que a gente precisa de gente para ser gente e, por isso, pessoas esperam relacionar-se com outras pessoas, não com super-heróis ou personagens; elas desejam do fundo do coração que do outro lado da relação esteja outro ser humano, tão lindo e imperfeito quanto elas. E a estrada que nos leva mais rápido até o outro tem nome: vulnerabilidade. Por tornar as relações mais humanas e verdadeiras, além de ser um dos mais importantes ingredientes na construção de relações de confiança, o mínimo que deveríamos oferecer às pessoas que se relacionam com a gente nessa jornada é que elas saibam, de verdade, com quem estão lidando. Você não acha?

Vulnerabilidade é a estrada que nos leva até o outro

Por falar em gente que precisa de gente, no livro *Os 5 desafios da equipe*, Patrick Lencioni reforça que, para desenvolver equipes de alto desempenho, é muito importante que o líder estimule a vulnerabilidade, permitindo que os membros da equipe aprendam a aceitar suas próprias imperfeições e compartilhá-las com os outros. Segundo Lencioni, as relações de confiança se fortalecem quando as pessoas são honestas sobre suas fraquezas, reconhecem seus erros, desculpam-se por alguma injustiça ou pedem ajuda quando não sabem como fazer algo. E, como líder, a melhor maneira de incentivar algo é pelo exemplo, ou seja, nesse caso, demonstrando vulnerabilidade. Sobre "reconhecer seus erros e pedir ajuda", em minha pesquisa Confiança na liderança, estas foram as respostas à pergunta: "Meu líder reconhece seus erros e pede ajuda quando necessário?":

Tabela 4.2 Como a liderança lida com os próprios erros

Opções de resposta	Respostas	
Nunca é verdade	13,39%	195
Na maioria das vezes não é verdade	20,95%	305
Às vezes é verdade	23,08%	336
Na maioria das vezes é verdade	26,78%	390
Sempre é verdade	15,80%	230
Total	100,0%	1.456

Fonte: elaborada pelo autor, 2019.

Não sei se você percebeu, mas a própria confiança é um ato de coragem e, portanto, nos deixa vulneráveis, já que, quando confiamos em alguém, nos arriscamos a não ser correspondidos. Contudo, quando existe correspondência, encontramos do outro lado da relação nossos verdadeiros amores, amigos e parceiros de vida. É por isso que estou absolutamente convicto de que as melhores coisas da vida acontecem ao rompermos a barreira da vulnerabilidade. O amor e a felicidade naturalmente nos tornam mais vulneráveis pelo medo de perdê-los, mas dão completo sentido e tempero à nossa vida.

E como não poderia ser diferente, a jornada em direção à vulnerabilidade passa também por respostas a perguntas importantes. A primeira delas é: "Quais são os medos que o afastam da pessoa que você gostaria de se tornar?". Sei que não é uma resposta fácil nem simples, mas ela em geral se resume a três possibilidades: medo de não ter o suficiente, medo de não ser querido o suficiente ou medo de não ser bom o suficiente. Qual deles "fala" mais com você?

A segunda pergunta tem como objetivo descobrir quais são os artifícios que utilizamos para nos proteger da vulnerabilidade: "Qual é o recurso que você utiliza para se proteger?". A armadura do silêncio, o escudo do diploma, o muro da timidez, um personagem simpático e engraçado, ou, quem sabe, a capa da inteligência. Você se identifica com algum deles? Se não, o que você usa para se proteger da vulnerabilidade?

Uma vez que encontremos essas respostas, resta-nos a escolha de seguir em frente, mesmo com medo, de nos encher de coragem e caminhar em direção à vulnerabilidade, examinando, reconhecendo e acolhendo os sentimentos e as emoções que certamente surgirão, ampliando a consciência sobre eles, investigando o que eles querem nos dizer, para aprendermos a viver com mais ousadia. Importante ressaltar que ousadia nada tem a ver com ganhar ou perder, mas com a coragem de ser vulnerável e se expor emocionalmente, porque é muito mais doloroso e perigoso observar a vida passar, imaginando como seria se tivéssemos nos arriscado a ser quem realmente somos, do que descobrir que perdemos algo pela ousadia em demonstrar vulnerabilidade e autenticidade.

Talvez você esteja pensando: "Isso tudo tem lógica e sentido, mas no mundo real a coisa funciona de maneira diferente; o mundo corporativo é avesso a demonstrações de vulnerabilidade". Se esse for o seu pensamento, quero alertá-lo que já sopra nas organizações um forte "vento a favor" da vulnerabilidade e que, como líder, espera-se que você atue como "figura de transição".*

Pode ser que o mundo corporativo e as organizações ainda não tenham despertado para a importância da construção de relações de confiança e da vulnerabilidade, mas se você acredita nisso, independentemente do que aconteceu até agora ou do que possa estar acontecendo ao seu redor, essa mudança é também sua responsabilidade e precisa começar com você. Começar com sua busca e exemplo ao demonstrar vulnerabilidade e também pela criação de um ambiente onde as pessoas possam ser quem elas realmente são, sem que precisem lutar por sua sobrevivência ou pertencimento; um lugar onde a diversidade seja valorizada e as pessoas possam investir sua melhor energia para potencializar seus pontos fortes em vez de gastá-la tentando esconder seus pontos fracos. Um lugar onde o erro inédito seja utilizado como ferramenta de aprendizado e desenvolvimento, e não como motivo de punição, pois, parafraseando o que disse Gandhi: "Sejamos a mudança que queremos ver no mundo".

De coração, espero ter sido bem-sucedido em expressar nestas poucas palavras a importância da vulnerabilidade na construção de uma vida mais verdadeira, íntegra, autêntica, leve e feliz. E, por isso, também espero que você esteja disposto a se tornar mais vulnerável, dando às pessoas o melhor presente possível, deixando que elas te vejam de verdade; oferecendo a elas a segurança de saber com quem estão real-

---

* Para saber mais sobre figuras de transição, acesse: <http://www.blogdofabossi.com.br/2013/03/figuras-de-transicao-lideranca>.

mente se relacionando, porque só assim conseguiremos estabelecer verdadeiras relações de confiança e colaborar para a construção de um futuro melhor para todos.

Agora que autoconhecimento e vulnerabilidade entraram em cena, eles nos conduzem à terceira característica da dimensão da autoconfiança: a **autoestima**, a elevação do amor-próprio. Antes de prosseguirmos, porém, quero apenas esclarecer que as coisas não acontecem linearmente, ou seja, primeiro ampliamos o autoconhecimento, depois desenvolvemos a vulnerabilidade e então elevamos a autoestima. De fato, todas elas acontecem ao mesmo tempo e durante toda a vida; é um processo constante de evolução.

Autoestima

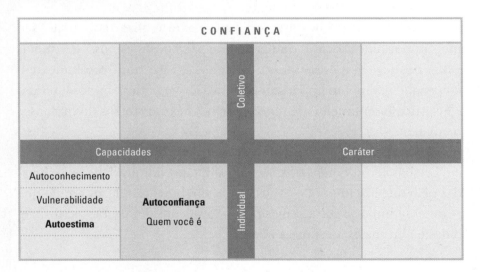

Para algumas pessoas, talvez autoconfiança e autoestima possam significar a mesma coisa, mas, efetivamente, a autoestima faz parte da autoconfiança, assim como o autoconhecimento e a vulnerabilidade. Autoconfiança é a crença de que você pode alcançar o que deseja na vida sendo quem é. A autoestima, por sua vez, é sua opinião a respeito de si mesmo e de seu valor como ser humano; a autoestima é uma expressão de amor-próprio.

Para avançarmos em nossa conversa sobre autoestima, vou propor um exercício. Pense em uma pessoa que você ama, de quem goste muito. O que você faz por ela? Como cuida dela? Muito bem, agora imagine que essa pessoa é você; que você é a pessoa que mais ama neste mundo. Quanto daquilo que busca fazer pela pessoa que imaginou você faz por si mesmo? Como você se cuida? Pois bem, suas respostas estão diretamente relacionadas ao seu nível de amor-próprio, e é por isso que a dimensão da autoconfiança precisa tanto da autoestima, porque, sem que haja um profundo sentimento de valor e amor-próprio, é praticamente impossível exteriorizar sua autoconfiança.

Como vimos anteriormente, a cultura ocidental enxerga o mundo pelo lado de fora. Nesse contexto, a autoestima tende a estar diretamente relacionada à nossa competência para realizar coisas que são mais importantes para os outros do que para nós mesmos. Isso muitas vezes nos leva a ignorar nossa capacidade e os bons resultados em coisas que realmente importam para nós e que poderiam nos ajudar a elevar nosso sentimento de amor-próprio; ficamos reféns dos aplausos da plateia.

Talvez por isso nos surpreendam as notícias de tristeza ou depressão em pessoas consideradas de sucesso. Ainda que admiradas e reconhecidas pelo que fazem para os outros, por não buscarem fazer aquilo que realmente importa para si mesmas, não se consideram tão bem-sucedidas e têm sua autoestima abalada.

.... • ....

Em 2014, Max Schireson, presidente da MongoDB, empresa fornecedora de banco de dados para clientes como IBM, Intel e Cisco, comunicou que deixaria seu cargo de CEO para dedicar mais tempo à família.

Em seu blog, no post intitulado "Why I Am Leaving the Best Job I Ever Had" [Por que estou deixando o melhor emprego da minha vida], ele menciona que as pessoas lhe perguntam sobre o tipo de carro que ele dirige ou de que estilo de música ele gosta, mas nunca sobre como equilibra os papéis de pai e CEO.

À época, Schireson tinha três filhos (de 9, 12 e 14 anos) que viviam com sua esposa em Palo Alto, Califórnia, nos EUA. Como a maioria das atividades da MongoDB era baseada em Nova York, ele precisava viajar constantemente entre as duas cidades. "Durante essas viagens, tenho perdido muitos momentos de diversão da minha família, e, talvez mais importante que isso, eu não estava com as minhas crianças quando nosso cachorro foi atropelado por um carro nem quando meu filho precisou de uma cirurgia (pequena, bem-sucedida e, é claro, não esperada)", comenta Schireson.

Ele confirmou que passará o comando da companhia para outra pessoa e que estará ao lado desse profissional para ajudá-lo no que for preciso "em tempo integral, mas não em tempo integral louco".

"Eu reconheço que ao escrever isso devo estar me desqualificando para um papel de CEO no futuro. Isso vai me custar dezenas de milhões de dólares um dia? Talvez. Mas a vida é feita de escolhas. Agora, escolhi passar mais tempo com a minha família e estou confiante de que posso continuar tendo uma atuação significativa e gratificante no trabalho, fazendo isso. No princípio, pareceu uma escolha difícil, mas quanto mais eu abraço essa escolha, mais convencido estou de que ela é a certa".[4]

.... • ....

Outro potencial problema de vincularmos nossa autoestima ao que os outros esperam de nós é que isso pode nos levar à busca de um sucesso desde o ponto de vista dos outros, ou ainda nos impedir de tentar alguma coisa pelo medo do fracasso ou do que os outros irão pensar. E, levando em conta que o fracasso será sempre uma possibilidade e que o sucesso não dura para sempre, fundamentar nossa autoestima em uma base tão frágil é, no mínimo, muito perigoso.

Assim, às vezes sem perceber, vamos negligenciando o nosso amor-próprio em favor do amor dos outros, condicionando nosso nível de autoestima ao que está do lado de fora, ao que é importante para o mundo, mas nem sempre para nós. O grande paradoxo desse jeito de pensar é que, apesar de estarmos mais preocupados com o que é bom para os outros, e menos com o que seria melhor para nós, tal é a necessidade de agradá-los, nos tornamos mais individualistas.

Vale ressaltar que a opinião dos outros é importante, principalmente daqueles que estão mais próximos; contudo, se quisermos evitar que nossa autoestima se torne refém do gosto de terceiros, precisamos prestar mais atenção àquilo que é realmente importante para nós.

A cultura oriental, por sua vez, em geral busca fundamentar a autoestima no senso de contribuição e valor. Em vez de priorizar fazer alguma coisa para que os outros gostem, a preocupação maior do indivíduo é ser percebido como um bom ser humano. Assim, a autoestima está intimamente ligada a quanto me sinto aceito ou rejeitado pelos que estão à minha volta; tem a ver com o meu senso de pertencimento. Veja que aqui se trata mais de uma sensação do que de um comportamento, bem diferente do que acontece no caso da autoestima baseada em competência.

Quando a autoestima está conectada ao senso de contribuição e valor, fazemos as coisas pensando na coletividade e nos sentimos bem quando os outros reconhecem isso, porque nosso senso de pertencimento se eleva. É uma questão de se sentir valoroso para a comunidade, a família, os amigos, os colegas de trabalho, o mundo e, consequentemente, tende a valorizar muito mais o coletivo e as relações interpessoais. Mas, como nem tudo são flores, o efeito colateral de alguém que tem sua autoestima fundamentada no senso de contribuição e valores é que ele pode se tornar arrogante e egocêntrico.

Você pode estar se perguntando: "Mas qual das duas é a melhor então?". Nenhuma. Ou, ainda, as duas. Se basearmos nossa autoestima apenas no que os outros acham da nossa competência para fazer alguma coisa, estaremos terceirizando nosso amor-próprio; por outro lado, estar tão apaixonado por si mesmo tampouco ajuda muito; portanto, o desafio é encontrar o equilíbrio entre esses dois jeitos de pensar, combinando competência e senso de contribuição e valor.

Essa combinação permite que busquemos nos tornar pessoas mais competentes, não porque isso é importante para os outros, mas porque é importante para nós mesmos; porque faz parte dos nossos valores, mas também porque assim saberemos que estamos contribuindo para a construção de um mundo melhor. Quando buscamos fazer o melhor, encaramos a realidade de frente e tomamos decisões alinhadas com nossos valores, que são importantes e significativas para nós e para os outros, e assim sentimos que estamos contribuindo de maneira positiva com a nossa vida e com a vida daqueles que estão à nossa volta.

•••••••••••••••••••••••••••••••• • ••••••••••••••••••••••••••••••••

Um amigo perguntou a Michelangelo por que ele havia trabalhado tanto tempo nos complexos e intrincados detalhes da Capela Sistina, em Roma; detalhes tão pequenos que ninguém seria capaz de perceber. Além disso, completou o amigo, quem teria capacidade de discernir se está perfeito ou não?
E Michelangelo respondeu:
– Eu.[5]

•••••••••••••••••••••••••••••••• • ••••••••••••••••••••••••••••••••

Como coach e formador de coaches, utilizo cinco pressupostos para ajudar as pessoas na difícil tarefa de compreender melhor o ser humano. Eu os chamo de os **cinco princípios do coaching**, numa adaptação que fiz dos princípios de Milton Erickson.* São eles:

1. **As pessoas têm todos os recursos de que necessitam.** Todos os recursos de que você e eu precisamos para resolver nossos dilemas e problemas e conquistar aquilo que buscamos já estão dentro de nós, só precisamos encontrá-los.

---

* Para saber mais sobre os sete princípios de Milton Erickson, acesse: <https://eduardasantanacoach.blogspot.com/2018/01/os-sete-principios-de-milton-erickson.html>.

2. **As pessoas sempre tomam a melhor decisão com os recursos que têm.** As decisões que tomamos, certas ou erradas, são as melhores que podemos com os recursos que temos em mãos naquele momento, ainda que gerem resultados inesperados ou negativos. Se não estamos felizes com os resultados, devemos buscar então os recursos necessários, que já estão dentro de nós, e tomar uma nova decisão, quantas vezes forem necessárias.
3. **Por trás de todo comportamento existe uma intenção positiva.** Pelo menos do ponto de vista de quem o pratica. E reconhecer esse fato pode ser a solução para a maioria dos problemas de relacionamento. Um trabalhador que entrega resultados piores do que poderia, por exemplo, pode ter uma intenção positiva de mostrar que não está feliz com alguma coisa. Portanto, conhecer a intenção positiva por trás de nossos comportamentos é muito importante, porque, se algum deles não nos agrada, podemos substituí-lo por outro que nos leve para mais perto dessa intenção.
4. **Todas as pessoas são o.k.** Esse é quase sempre o mais difícil de aceitar. O fato é que as pessoas são como são, e nenhum de nós tem o poder de mudá-las, porque ninguém muda ninguém. Portanto, se você acha que alguém com quem convive não é o.k., em vez de tentar mudá-lo, aceite-o; isso provavelmente também fará de você uma pessoa ainda mais o.k.
5. **A mudança é inevitável.** Cada experiência nos muda um pouquinho, e isso é inevitável. A leitura deste livro até aqui certamente já mudou algo dentro de você, não é? Hoje, você é um pouco diferente do que foi ontem; aprendeu coisas novas, conheceu pessoas, descobriu algo importante. Enfim, a única coisa que não muda é que tudo muda o tempo todo, incluindo você!

Minha experiência mostra que a compreensão e a aplicação desses cinco princípios ajudam as pessoas a serem mais generosas, compreensivas e acolhedoras com os outros e, principalmente, consigo mesmas, apoiando-as na elevação do nível de seu amor-próprio e de sua autoestima. Por isso, já que você provavelmente não conseguirá agradar e ser querido por todos, busque ao menos ter a certeza de que está agradando e gostando de si mesmo.

Por isso é muito importante que sua autoestima esteja fundamentada na consciência de que está fazendo o seu melhor com os recursos que tem, até que possa fazer melhor ainda. Isso não significa perfeição, mas a certeza de estar fazendo tudo o que está ao seu alcance com os recursos de que dispõe. Se não está convencido de que age assim, então mãos à obra, porque isso só depende de você e é o ponto de partida para que o seu amor-próprio brilhe mais forte. Quando sabemos que poderíamos fazer melhor, mas escolhemos não fazê-lo, a primeira pessoa a quem decepcionamos somos nós mesmos. Isso afeta nossa autoestima, porque não é apenas o resultado que conta, mas principalmente o sentimento de não ter feito o nosso melhor.

Além disso, busque também honrar os seus valores em suas ações, conectando-as com a sua melhor intenção de contribuir para que algo de mais qualidade se construa à sua volta, em casa, no trabalho, no trânsito etc. Se essas duas atitudes estiverem presentes em sua vida, ainda que algumas vezes os resultados não sejam os melhores, ou que pessoas não gostem de você ou do que você fez, sua autoestima será menos afetada porque estará alinhada e conectada com a sua alma, com o que você acredita e valoriza, sendo muito menos dependente da opinião externa. Assim, você vai ficando bem consigo mesmo, algo que tem pouco a ver com realizar ou construir coisas; um sentimento de amor-próprio que cresce simplesmente porque você se conhece, se reconhece e se aceita como é: um ser humano em construção.

Antes de encerrarmos nossa conversa sobre autoestima, quero lembrá-lo que, como líder, você exerce uma forte influência na autoestima

Como líder, você exerce uma forte influência na autoestima das pessoas, portanto, não hesite em reconhecer e elogiar verdadeiramente seus liderados.

das pessoas, principalmente porque muitas delas ainda dependem da opinião dos outros para elevar o seu amor-próprio; portanto, não hesite em reconhecê-las e elogiá-las verdadeiramente. Nessa correria louca do cotidiano, é comum não darmos muita atenção ao que as pessoas fazem bem, seja em casa ou no trabalho, até mesmo porque, lá no fundo dos nossos pensamentos, talvez acreditemos que isso é obrigação delas. Contudo, busque desafiar esses obstáculos e praticar o elogio e o reconhecimento, e não apenas tecer observações sobre o que as pessoas não estão fazendo bem. Procure flagrar as pessoas fazendo algo bom e diga isso a elas! Uma atitude simples, mas muito poderosa para a autoestima delas.

Agora que já conversamos sobre autoconhecimento, vulnerabilidade e autoestima, chegou a hora de encerrarmos a dimensão da autoconfiança falando sobre sua última característica que, de fato, é o resultado das três anteriores: a **autenticidade**.

Autenticidade

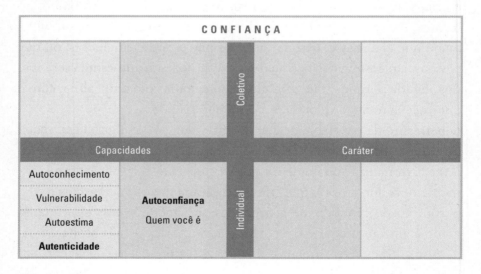

Autenticidade é o produto de tudo o que dissemos até agora sobre a dimensão da autoconfiança. Aquele que conhece a si mesmo, que reconhece e aceita seus pontos fortes e fracos e que tem amor-próprio torna-se naturalmente uma pessoa mais autêntica. Por isso, ser autêntico é, mais do que tudo, ser você mesmo, sem máscaras, sem personagens, sem mentiras ou agendas ocultas; simples assim. Na pesquisa Confiança na liderança, essas foram as respostas para a pergunta "Meu líder é uma pessoa autêntica, sem máscaras?":

Tabela 4.3 Liderança autêntica

Opções de resposta	Respostas	
Nunca é verdade	8,65%	126
Na maioria das vezes não é verdade	14,70%	214
Às vezes é verdade	18,75%	273
Na maioria das vezes é verdade	30,08%	438
Sempre é verdade	27,82%	405
Total	100,0%	1.456

Fonte: elaborada pelo autor, 2019.

É comum conhecermos líderes que estão muito mais preocupados com sua posição e status do que com a autenticidade. Que enchem o peito para dizer: "Eu sou o chefe", "Eu sou o gerente", "Eu sou o presidente". Mas a verdade é que existe um grave erro na utilização do verbo nessas frases. Ninguém "é" chefe, gerente ou presidente; as pessoas apenas "estão" chefes, "estão" gerentes ou "estão" presidentes. Aliás, existem milhões de pessoas no mundo que também ocupam posições similares; portanto, cargo, posição ou crachá não dizem nada sobre quem realmente é a pessoa, e, além disso, a posição é transitória; a pessoa que a ocupa, não.

> **Autêntico é também aquele que, independentemente do que faz, sente-se confortável e seguro com quem é, e não apenas com a posição que ocupa ou com aquilo que faz.**

Portanto, autêntico é também aquele que, independentemente do que faz, sente-se confortável e seguro com quem é, e não apenas com a posição que ocupa ou com aquilo que faz. Eu, por exemplo, atuo como coach, palestrante e escritor; já ocupei posições de diretoria em grandes empresas multinacionais e atualmente faço parte da diretoria da Crescimentum. Mas isso apenas descreve o que eu faço, mas pouco, ou nada, diz sobre a minha identidade.

Outro ponto importante é que a autenticidade independe de estilos de liderança, até mesmo porque o melhor estilo de liderança é o seu, desde que seja verdadeiro e previsível; desde que você não tente fingir ser alguém que não é, ou representar diferentes personagens. É por isso que o caminho que leva à autenticidade passa necessariamente por um mergulho interior, por uma viagem para dentro de nós mesmos, pela busca constante da ampliação do autoconhecimento, pela prática da vulnerabilidade e pela autoestima; algo que acontece com líderes que não apenas conhecem e honram a própria história, mas que têm clareza e firmeza em seu propósito de liderança e consciência de seu propósito de vida e de seu legado.

> **Um dos grandes desafios do líder autêntico é alinhar seus valores e propósito aos da organização, ser exemplo deles no dia a dia e conectá-los aos valores e propósitos das pessoas.**

Portanto, um dos grandes desafios do líder autêntico é alinhar seus valores e propósito aos da organização, ser exemplo deles no dia a dia e conectá-los aos valores e propósitos das pessoas. Algo que passa necessariamente por sua clareza interior, pela firmeza de seus valores e por um interesse genuíno pelas pessoas.

··○····································

O presidente Kennedy visitava o centro espacial da NASA em 1962 e parou para conversar com um homem que segurava um esfregão, a quem perguntou:
– O que você faz aqui?
O faxineiro respondeu:
– Estou ajudando a colocar um homem na lua, senhor.[6]

··○····································

Por isso, para fecharmos nossa conversa sobre autenticidade com chave de ouro, quero compartilhar alguns pontos importantes sobre propósito de vida e de liderança, uma vez que a jornada do líder autêntico passa pela transmissão do "ser", e não apenas do "fazer", porque, como disse o professor de Harvard e autor Bill George: "Os líderes são definidos por suas histórias únicas de vida e pela maneira como as avaliam para descobrir suas paixões e o propósito da sua liderança".[7] Quero convidá-lo, portanto, a refletir sobre algumas perguntas importantes:

- Você sabe qual é o seu propósito de vida e vive por ele?
- Sua vida está alinhada e é congruente com seus valores?
- Você busca ser um exemplo para as pessoas ao seu redor?
- Você gostaria de ser liderado por você?
- Se você fosse seu líder, você se seguiria?

Não são perguntas simples, por isso, reflita antes de respondê-las. Elas envolvem propósito e valores que, muitas vezes, não estão claros para você; o que não significa que não os tenha. Talvez eles não estejam claros porque você ainda não tenha se dado conta de sua importância; por isso, vamos conversar sobre o que significa ter um propósito de vida.

O propósito de vida, também conhecido como *ikigai*, representa o motivo pelo qual você está vivo nesta terra, que o faz lembrar quem você é, o impacto que quer causar na vida das pessoas e no mundo; é o caminho pelo qual você deixa o seu legado, aquilo que quer entregar para que o futuro seja melhor do que o presente.

Como podemos perceber, o tema do propósito de vida não é algo fácil nem simples de discutir. Por isso, acho útil tomar emprestado o conceito dos níveis neurológicos, desenvolvido por Gregory Bateson e depois adaptado por Robert Dilts,[8] para nos ajudar a compreender de maneira mais clara e tangível a importância de conhecer o seu *ikigai*.

Figura 4.2 Níveis neurológicos

Fonte: adaptada de Robert Dilts, "A Brief History of Logical Levels".

Os níveis neurológicos representam uma das maneiras mais simples e eficazes de compreender como o ser humano funciona. Os ambientes, na base da pirâmide, representam os lugares e as pessoas com quem você convive; é onde as coisas acontecem. No nível seguinte, temos os comportamentos, que representam as ações praticadas nos diferentes ambientes. As capacidades refletem as competências que você desenvolveu ao longo da vida; por sua vez, elas são produto daquilo em que você acredita: seus valores e suas crenças. Os valores e as crenças derivam de sua identidade, que representa o tipo de pessoa que você deseja se tornar em cada um dos papéis que exerce na vida, como pai, mãe, cônjuge, amigo, profissional, líder etc. E, finalmente, chegamos ao nível do legado, que representa a marca que você deixa nas pessoas e no mundo.

Pessoas que vivem no nível do ambiente tornam-se reféns das circunstâncias e vítimas dos acontecimentos; passam boa parte da vida reclamando da empresa, das pessoas e do mundo. Preferem culpar o universo por seus problemas, já que assim não precisam se dar ao trabalho de mudar para melhorar os próprios comportamentos. Vivem murmurando e dizendo: "Eu não consigo progredir porque a empresa não ajuda, porque meu chefe está de marcação comigo, porque todo mundo está contra mim". Procuram colocar a culpa em algo ou alguém, até que, por algum motivo, mudam de ambiente e, com o passar do tempo, percebem que o novo lugar tem os mesmos problemas do anterior; por fim, descobrem que, de fato, os problemas não estão no ambiente ou do lado de fora, mas nelas mesmas, do lado de dentro. Assim, mudanças nos níveis mais baixos da pirâmide, como ambientes e comportamentos, não tratam as causas, mas as consequências, e proporcionam apenas mudanças remediativas que não provocam uma transformação real no interior do ser humano.

Nos níveis mais altos da pirâmide acontece exatamente o oposto, já que, quanto mais ancorada no topo está a nossa vida, mais explicitamos nossos valores, transformamos nossas crenças, aprimoramos nossas capacidades e comportamentos e, naturalmente, causamos um impacto positivo no ambiente. Em outras palavras, ao atingirmos os níveis superiores da pirâmide, produzimos mudanças generativas e evolutivas que geram transformações de dentro para fora e afetam todos os outros níveis. Dessa forma, são os níveis superiores que nos permitem vivenciar uma mudança real e evolutiva, em que encontramos aquilo que realmente gera transformação em nossas vidas e na vida das pessoas que passarem por nós, ou seja, nosso propósito.

Eu acredito que todo ser humano já nasce com um propósito de vida, portanto, sua principal tarefa não é criá-lo, mas descobri-lo, dando maior sentido à sua existência. O propósito de vida é uma declaração que você faz ao universo sobre a maneira como irá contribuir para melhorar o mundo com aquilo que tem de melhor. Um líder autêntico, que declara e vive os seus valores e o seu propósito de vida, tem maior facilidade para conquistar o respeito e a confiança de seus liderados pelo fato de suas intenções serem muito claras para todos. Como disse o ex-treinador da seleção brasileira de vôlei Bernardinho a respeito de seus liderados: "Eles podem eventualmente duvidar da minha forma de fazer as coisas, mas nunca da minha intenção".[9]

Para ajudá-lo em sua reflexão sobre o propósito de vida, aqui vão algumas perguntas. Busque respondê-las de forma visceral, sem pensar muito, e anote as respostas.

- Quais são as três coisas que quando você faz não sente o tempo passar? O que elas têm em comum?
- O que você faz de forma excelente? Que habilidades estão presentes nessas coisas que você faz tão bem?
- Quais elogios você já recebeu, ou recebe, com mais frequência?
- Pense em três pessoas que você admira. Por que elas são admiráveis?
- Quais são os seus três principais valores de vida?
- Como poderia utilizar os seus talentos, as suas paixões e os seus valores a fim de contribuir para a construção de um mundo melhor?

Agora, olhe para o que escreveu e escolha as palavras que lhe saltam aos olhos. Com elas, forme uma frase que faça sentido para você e que o ajude a responder a esta última pergunta: "Por que eu acordo todos os dias?". Não se preocupe se a frase está certa, errada, feia ou bonita;

preocupe-se com quanto ela o inspira e o impulsiona em direção àquilo que você julga ser o principal motivo de sua existência. O mais importante é que ela faça sentido para você.

O meu propósito de vida, por exemplo, é ajudar as pessoas a se tornarem versões melhores de si mesmas, conversa a conversa. É isso que busco viver todos os dias, em tudo o que faço, seja em casa, no trabalho, nos treinamentos, nas palestras, nas conversas de coaching, na igreja, com meus amigos, com minhas netinhas, quando estou escrevendo, e até mesmo no trânsito, que confesso ser o meu maior desafio; mas estou evoluindo.

Este livro é uma das maneiras como vivo a minha missão. E o mais incrível de tudo é que, quanto mais eu vivo o meu propósito, mais me realizo como ser humano, porque sei que estou no centro da vontade de Deus para a minha vida; porque me sinto retribuindo ao mundo aquilo que também me foi dado de graça. Essa é a "magia" do propósito de vida. Quanto mais o vivemos e contribuímos para a construção de um mundo melhor para todos, mais nos realizamos como seres humanos porque experimentamos a lei da semeadura: aquilo que plantarmos certamente colheremos.

Quando tiver maior clareza sobre seu propósito de vida, compartilhe-o com sua equipe. Fale para as pessoas quais são suas intenções como líder, declare seus valores e como pretende aplicá-los em sua liderança. Seja autêntico e verdadeiro. Seja você mesmo. Uma atitude simples, mas que contribuirá de maneira muito significativa para a construção de verdadeiras relações de confiança com as pessoas ao seu redor. Se você se sentir à vontade, fale também com seus pares, chefe, amigos, cônjuge e filhos; enfim, espalhe autenticidade pelos quatro cantos da Terra.

Ainda sobre a lei da semeadura: as sementes de autenticidade que você plantar na vida das pessoas certamente darão frutos; portanto, existe a grande possibilidade de elas serem igualmente mais autênticas com você e com os outros, e, aos poucos, um ambiente de pessoas autênticas ir se construindo, favorecendo enormemente a formação de relações de confiança.

Afinal, como líder, você tem a responsabilidade de cultivar um ambiente onde as pessoas se sintam seguras e tenham a oportunidade de serem elas mesmas; um lugar onde sejam aceitas, respeitadas e valorizadas, não apenas como profissionais ou pelos resultados que entregam, mas principalmente como seres humanos.

Assim chegamos ao fim da nossa conversa sobre a dimensão da autoconfiança. Lembre-se: você só consegue dar aos outros daquilo que tem; portanto, para construir um ambiente de confiança do lado de fora, é preciso antes concebê-lo dentro de você. Então, mãos à obra! Sigamos agora para a segunda dimensão da confiança: a **confiança pessoal**.

5
A dimensão da confiança pessoal

Antes de ser um bom líder, é preciso ser um bom ser humano

Troque suas folhas, mas não perca suas raízes.
Mude suas opiniões, mas não seus princípios.

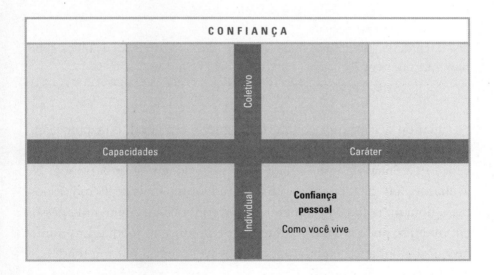

A **dimensão da confiança pessoal** tem a ver com caráter e ética, e representa a maneira como demonstramos quem realmente somos por meio de atitudes, comportamentos e escolhas que fazemos no dia a dia. Diferente da autoconfiança – que, como vimos, é uma dimensão até certo ponto incomum em nossa cultura –, a dimensão da **confiança pessoal** é uma das mais naturais porque desde muito cedo somos educados e aculturados por nossos pais, família, escola e sociedade a nos tornar pessoas de bem, honestas, íntegras, que honram seus valores e agem de maneira transparente.

.... • ....

Numa tarde de domingo, um pai e seus dois filhos chegam ao parque de diversões e se dirigem à bilheteria.
– Olá, boa tarde. Quanto custa a entrada? – pergunta o pai.
– São R$ 20 para o senhor e para qualquer criança maior de 6 anos. A entrada é grátis se eles tiverem 6 anos ou menos. Quantos anos eles têm?
– O menor tem 3 e o maior, 7 – respondeu o pai.
O rapaz da bilheteria então comentou:
– Poxa, se tivesse me dito que o mais velho tinha 6 anos, eu não notaria a diferença e você poderia ter economizado R$ 20.
O pai então respondeu:
– É verdade, talvez você não notasse a diferença, mas meus filhos saberiam que eu menti.[1]

.... • ....

Quando declaramos confiar em alguém, em geral, o fazemos considerando a dimensão da confiança pessoal, baseados em nossa percepção da ética, da honestidade e da integridade de uma pessoa. Na avaliação 360° da Crescimentum,* considerando mais de 20 mil respostas, a nota mais alta é justamente na pergunta "Este líder é uma pessoa em quem se pode confiar?", com 8,9 de pontuação média. Em minha pesquisa Confiança na liderança, é possível notar a mesma tendência ao observar a distribuição das respostas à pergunta: "Meu líder é honesto e ético na condução das atividades e negócios?".

---

* A Avaliação 360° de Liderança da Crescimentum é um questionário enviado ao chefe, pares e subordinados para que deem sua opinião sobre o desempenho profissional de determinado líder.

Tabela 5.1 Liderança ética e honesta

Opções de resposta	Respostas	
Nunca é verdade	3,50%	51
Na maioria das vezes não é verdade	8,25%	120
Às vezes é verdade	15,12%	220
Na maioria das vezes é verdade	29,97%	436
Sempre é verdade	43,16%	628
Total	**100,0%**	**1.455**

Fonte: elaborada pelo autor, 2019.

Este é um dado muito positivo, já que, em geral, as pessoas demonstram acreditar na honestidade e na integridade de seus líderes; já seu efeito colateral nem tanto, pois pode levar as pessoas a pensarem que confiança se resume apenas a essa dimensão, deixando de notar a importância das outras três na construção das relações.

Além disso, por ser a dimensão da confiança mais "natural" e comum a nós, podemos chegar a pensar que é também a mais fácil de atender, mas não é bem assim. De tão integrada à nossa vida, muitas vezes deixamos de considerá-la com a devida importância, levando-nos a atitudes que relativizam ou colocam para escanteio a ética.

Por coincidência, enquanto estava escrevendo este capítulo, aconteceram duas situações desse tipo. Uma delas foi durante a compra de um bem. Ao pedir um desconto, a resposta do vendedor foi que ele poderia oferecer tal desconto se eu aceitasse uma nota fiscal num valor menor, porque ao pagar menos impostos, poderia então conceder-me um desconto maior. Na mesma semana, fui almoçar num restaurante e, quando solicitei uma nota fiscal, o garçom me perguntou: "Qual valor devo colocar na nota?". Tenho quase certeza de que se eu perguntasse a essas duas pessoas se elas se consideram honestas, além de provavelmente ficarem indignadas e ofendidas com a pergunta, a provável resposta seria "Lógico que sim". Assim como diriam "sim" aqueles que se indignam com a corrupção, apontam o dedo para os corruptos, mas participam, ativa ou passivamente, de situações em que a corrupção está presente. Diriam "sim" também os adeptos das mentirinhas "light", que "não fazem mal a ninguém", assim como os que oferecem promessas vazias, os que fazem comentários maldosos e mentirosos sobre pessoas que não estão presentes, os que sonegam impostos, os que recebem vantagens ilegítimas numa negociação, os que pagam para obter benefícios ilícitos, os que furam fila, os que andam pelo acostamento, os que descumprem acordos, enfim, os que se acostumaram tanto com a dimensão da confiança pessoal que já não lhe dão a merecida importância.

O mais interessante de tudo isso é que essas pessoas, em geral, de tão acostumadas com essas pequenas atitudes não éticas já não percebem o tamanho do prejuízo que isso causa na construção das relações de confiança. É bem provável que as coisas tenham começado do jeito certo, mas ao longo da jornada, por diferentes motivos, pequenas concessões foram sendo feitas; o que na primeira vez incomodou bastante, na segunda vez, nem tanto, na terceira, menos ainda, e em determinado momento já não incomodou mais. E, por fim, sem perceber, incorporaram um novo hábito.

Por isso, antes de seguirmos e mergulharmos neste tema, quero convidá-lo a fazer uma importante reflexão. Pensando em você como líder, mãe, pai, filho, amigo, irmão, profissional, colega de trabalho ou qualquer outro papel que exerce em sua vida com o intuito de influenciar positivamente as pessoas e os lugares por onde passa, qual seria a sua resposta a estas perguntas:

- Que tipo de exemplo eu tenho sido?
- Que tipo de exemplo eu quero ser?

Certa vez, uma senhora levou seu filho até o líder da comunidade e lhe pediu:

– Senhor, por favor, fale para meu filho parar de comer doces; ele tem um grande respeito por você e com certeza vai escutá-lo.

O líder, por sua vez, pediu à mulher que trouxesse o menino na semana seguinte.

Passada uma semana, lá estava novamente a mulher, dessa vez com o filho. E, quando eles se aproximaram, o líder disse:

– Desculpe, mas esta semana ainda não, volte na próxima.

E assim foi feito. Na semana seguinte, mãe e filho retornaram, e então o líder disse ao menino:

– Seria interessante que você pensasse em diminuir a quantidade de doces que come, porque isso não faz bem à sua saúde.

O menino respondeu:

– O senhor tem razão. Vou diminuir a quantidade de doces que como. Eu prometo.

A mulher, intrigada, perguntou ao líder:

– Por que o senhor não fez isso na semana passada?

E o líder respondeu:

– Eu sempre adorei doces e não achei justo pedir ao menino algo que eu mesmo não havia tentado. Na primeira semana, não consegui diminuir a quantidade de doces que comia e por isso não me senti preparado para fazer essa recomendação a ele. Somente quando consegui me controlar é que me senti pronto para falar com seu filho.

Mais do que palavras, a dimensão da confiança pessoal é alimentada por exemplos que demonstram aquilo em que você realmente acredita. As palavras são capazes de mover, mas os exemplos arrastam; exemplos caem no coração das pessoas como sementes que germinam, crescem e frutificam, gerando frutos tão bons ou melhores do que os que originaram as sementes.

Eu sei que este não é um tema fácil de tratar porque nos confronta profundamente com nossos valores, crenças e atitudes, mas é exatamente por isso que precisamos conversar sobre ele. Nas próximas páginas iremos nos aprofundar em discussões sobre as características que compõem a dimensão da confiança pessoal: honestidade, integridade, transparência e ética.

Honestidade

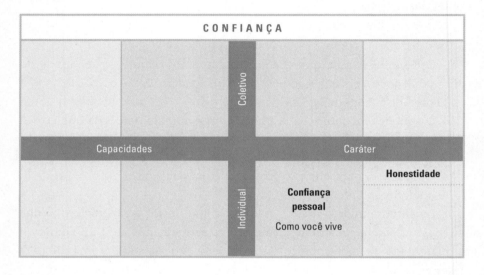

O dr. Madison Sarratt ensinou matemática por muitos anos na Universidade Vanderbilt, nos Estados Unidos. Antes de aplicar uma prova ou teste, Madison costumava dizer aos seus alunos:

– Não se esqueçam de que hoje vocês estarão fazendo dois testes: um de matemática e o outro de honestidade. Eu sinceramente espero que vocês passem em ambos, mas, se tiverem que falhar em um deles, prefiram falhar no de matemática.[2]

Em seu livro *O desafio da liderança*, Barry Posner e James Kouzes apresentam uma pesquisa de liderança realizada ao longo de mais de trinta anos, com mais de 100 mil pessoas ao redor do mundo, sobre as principais características de líderes inspiradores e admirados, e nela podemos constatar empírica e numericamente o peso e a importância da honestidade na liderança e, portanto, na construção de verdadeiras relações de confiança. O levantamento solicitava às pessoas o seguinte: "Selecione as sete qualidades, dentre vinte, que você **mais busca e admira num líder, alguém que estaria disposto a seguir**". Tente adivinhar qual foi o resultado.

Em 87% das respostas, as pessoas declararam que a qualidade mais importante em um líder que estariam dispostas a seguir é a **honestidade**. Aliás, se eu lhe fizesse essa mesma pergunta relacionada aos líderes e governantes do nosso país, qual seria a sua resposta? Você consegue imaginar o Brasil sendo governado por líderes honestos, que dizem a verdade, que buscam o melhor para o país e sua população e não para si mesmo? Que agem com boas intenções e que não têm agendas ocultas?

Mas o que é honestidade? Quanto à etimologia, a palavra "honestidade" tem origem no latim *honos*, que remete a dignidade e honra. Honestidade tem a ver com caráter e, na acepção popular, significa ser verdadeiro, não enganar, não ficar com o que é dos outros, repudiar a malandragem e evitar a esperteza de querer levar vantagem sobre as outras pessoas. Infelizmente, para algumas pessoas, ser honesto é sinônimo de ser "careta" ou "trouxa". Mas, como a maioria das coisas na vida, honestidade é uma escolha. Na música "Pânico na Zona Sul", a banda Racionais MCs expressa um pouco disso ao dizer: "Honestidade nunca será demais. Sua moral não se ganha, se faz. Não somos donos da verdade. Porém não mentimos...".

Algumas pessoas confundem honestidade e integridade, mas, apesar de complementares, elas são coisas diferentes. Sei que este não é um jeito muito polido de explicar, mas creio que é o mais fácil de entender: se eu digo "Vou te roubar" e o faço, não estou sendo honesto, mas fui íntegro, pois fiz o que disse que faria. Contudo, se eu digo "Vou te roubar" e, depois de refletir a respeito, decido não fazê-lo, posso até ser considerado honesto por não roubá-lo, mas não fui íntegro porque não mantive minha palavra. No próximo tópico falaremos mais sobre esse tema.

Como mencionei na introdução deste capítulo, o ser humano tem a tendência de ir se acostumando com as coisas e, com o tempo, deixa de percebê-las; isso afeta diretamente a honestidade. Lembro que durante uma sessão de coaching, em uma conversa sobre valores, um cliente declarou incisivamente que o seu principal valor era a honestidade, algo que vinha desde seus avós, e que agir com honestidade era uma questão de honra para todos na família. Então pedi permissão para explorar um pouco mais o tema e perguntei: "De 0 a 10, que nota você dá para quanto tem honrado e vivido esse valor honestidade?". A resposta foi incisiva: "Lógico que é 10! Acabei de dizer que é o meu principal valor!". Eu continuei: "Olhando para a última semana, ou para a anterior, consegue lembrar de alguma situação que tenha ferido esse valor?". Ele pensou um pouco e disse: "Poxa, acho que sim. Meu chefe veio conversar comigo e perguntou se estava tudo bem, e eu disse que sim, mas isso não é verdade. Tem muitas coisas que eu poderia e deveria ter dito a ele e não disse. Acho que não fui honesto com ele. Então melhor baixar a nota para 9". Depois de mais algumas perguntas, ele disse: "Há poucos dias conversei com meu filho, e acabei inventando uma história para que ele fizesse o que eu queria; menti para ele. Acho que uma nota 8 está de bom tamanho". Bem, para encurtar a história, paramos no "6", e ele decidiu refletir um pouco mais sobre isso para que voltássemos a conversar na sessão seguinte.

Percebe que, sem nos darmos conta, vamos fazendo pequenas concessões que se tornam quase naturais, mas que de fato não são? O Instituto Datafolha realizou uma pesquisa com 2.122 pessoas em 150 municípios brasileiros, entre os dias 4 e 6 de agosto de 2009, com o objetivo de avaliar o grau de honestidade em nossa sociedade.[3] Inicialmente, o pesquisador fez uma série de perguntas sobre moralidade e corrupção, inclusive questões sobre alguns atos específicos, como comprar produtos piratas, "colar" na prova ou ficar com o troco a mais. Em seguida, entregou ao entrevistado um questionário para que ele próprio preenchesse, no qual perguntava se ele tinha cometido tais atos.

Os resultados mostraram que 83% dos entrevistados admitiram ter cometido pelo menos uma prática ilegítima ou corrupta, como receber troco a mais e não devolvê-lo; levar objetos de hotéis, restaurantes ou do local de trabalho para casa; pagar para conseguir uma receita ou atestado médico; mentir ao declarar o imposto de renda; empregar funcionários sem registro em carteira; falsificar carteira estudantil para ter direito à meia-entrada em estabelecimentos comerciais, ou fazer "gatos" em fiações elétricas. De modo geral, a pesquisa também mostra que os que admitem já ter feito isso consideram esses atos aceitáveis.

Quero abrir um parêntese importante aqui: tudo o que eu escrevo para você escrevo primeiro para mim, porque, assim como a maioria das pessoas, também tenho coisas a melhorar em relação à construção de relações de confiança e honestidade; já errei algumas vezes, acertei outras, e seguirei tentando melhorar.

Uma situação em que a minha honestidade foi posta à prova aconteceu poucos meses depois de eu ter iniciado como gerente de sistemas numa empresa. No fim do dia, fui até a sala do diretor-geral; quando cheguei, ele estava pegando um cafezinho e o seu telefone tocou. Cordialmente, atendi e, quando mencionei o nome de quem estava do outro lado da linha, ele sinalizou para eu dizer que ele não estava. Depois de alguns segundos de indecisão e pensamentos como: "Se eu não fizer o que ele pediu, posso até ser demitido!", "Se eu fizer, estarei sendo desonesto e transmitindo a imagem de não ser uma pessoa confiável", tomei coragem e disse: "Desculpe, mas não posso dizer que o senhor não está porque estou te vendo aqui, na minha frente". Ele tomou o telefone bruscamente da minha mão, sem dizer uma só palavra, e seguiu a conversa com a pessoa.

Você deve estar imaginando o que eu fiz em seguida. O fato é que não esperei para saber o que aconteceria depois. Voltei rapidinho para a minha sala, peguei as minhas coisas e fui para casa. No dia seguinte, logo pela manhã, a secretária do diretor me ligou dizendo que ele queria falar comigo. No trajeto até a sala dele, milhares de pensamentos tomaram a minha mente, mas, quando cheguei, ele apenas disse: "Quero te dizer que você está certo, e eu, errado. É só isso. Obrigado". Agradeci, virei as costas e saí; feliz por ter agido com honestidade, mas, acima de tudo, realizado por ter sido honesto comigo mesmo, por ter honrado aquilo em que acredito, e por decidir assumir as consequências dessa decisão.

Na honestidade, o que está em jogo é primordialmente a verdade. Contudo, para alguns, a verdade é subjetiva e relativa, fruto de uma elaboração individual e pessoal. Não que essa maneira de pensar seja equivocada, mas o fato é que esse relativismo subjetivista leva muitos líderes a tentarem distorcer a realidade e fundamentar suas atitudes em mentiras disfarçadas de verdades. E, como uma mentira puxa outra, ficam cada vez mais distantes da honestidade, enredados em suas próprias verdades mentirosas.

Em dezembro de 2012, o atleta espanhol Ivan Fernández Anaya deixou de vencer a prova de cross-country de Burlada, na Espanha, porque decidiu ser honesto. O atleta queniano Abel Mutai estava prestes a ganhar a corrida, quando parou no lugar errado, achando que já tinha alcançado a linha de chegada. Anaya, que vinha logo atrás, se aproximou e, em vez de ultrapassá-lo, alertou-o sobre o equívoco e o conduziu para confirmar sua vitória. Ao terminar a prova, Anaya comentou: "Ainda que tivessem me dito que ganharia uma vaga na seleção espanhola para disputar o Campeonato Europeu, eu não teria me aproveitado da situação. Acho que é melhor o que eu fiz do que se tivesse vencido nessas circunstâncias. E isso é muito importante porque hoje, como estão as coisas em toda a sociedade, no futebol, na política, onde parece que vale tudo, um gesto de honestidade vai muito bem".[4] Em um vídeo disponível na internet, o atleta comenta: "Essa foi a coisa mais bonita que me aconteceu nestes 15 anos de atletismo; muito mais do que uma vitória".[5]

Os "relativistas" podem até pensar: "Quer dizer então que um atacante num jogo de futebol que aproveita a distração de um zagueiro e faz um gol pode ser chamado de desonesto?", "Ou que um lutador de MMA que desfere um golpe no adversário e o nocauteia porque ele se distraiu não foi honesto?". De fato, tanto a distração do zagueiro quanto a do lutador de MMA, e até a do oponente de Anaya, fazem parte do jogo, e não existe nenhuma regra que os proíba de levar vantagem nisso. Contudo, as regras estão do lado de fora, no ambiente; já a atitude de Anaya foi algo que nasceu do lado de dentro, fruto de seu caráter, de sua clareza de identidade e de sua firmeza de valores. Se ele tivesse ultrapassado seu adversário, não estaria infringindo nenhuma regra, mas estaria corrompendo algo muito mais valioso: os seus valores. Por isso, apesar de ter perdido a corrida, ao ser honesto Anaya ganhou algo que dinheiro nenhum no mundo pode comprar: credibilidade. O alicerce da liderança.

Outro exemplo bastante divulgado no Brasil foi o do Rodrigo Caio, zagueiro do São Paulo Futebol Clube, que, em 2017, durante uma partida decisiva fez com que o árbitro voltasse atrás na aplicação de um cartão amarelo ao centroavante Jô, do Corinthians; esse cartão tiraria o jogador da partida seguinte. Depois do cartão aplicado, Rodrigo Caio chamou o árbitro e disse que ele mesmo havia chutado involuntariamente o goleiro do seu time, e não o Jô, como o árbitro havia interpretado. Simples assim.

Você se lembra que, no capítulo anterior, conversamos sobre os níveis neurológicos, e que, enquanto algumas pessoas vivem no nível do ambiente, permitindo que as situações dirijam suas escolhas, outras escolhem viver nos níveis mais altos da pirâmide, com clareza de legado e propósito, explicitando seus valores e crenças por meio de comportamentos e atitudes que impactam e transformam os ambientes? Pois bem, Anaya demonstrou ser alguém que vive assim, agindo de acordo com aquilo em que acredita, praticando, acima de tudo, a honestidade consigo mesmo e com os outros. Por ter sido um acontecimento público, a atitude de Anaya ganhou projeção mundial, fazendo com que sua figura ficasse associada à honestidade e levando-o a conquistar a credibilidade daqueles que não o conheciam.

De maneira análoga, as mensagens que um líder transmite a respeito de seus valores e de sua honestidade estão sendo "assistidas" pelas pessoas à sua volta, e isso pode aumentar ou diminuir a possibilidade de as pessoas confiarem nele.

Portanto, considerando a premissa de que o líder só consegue dar daquilo que tem, para ser honesto com os outros é preciso primeiro ser honesto consigo mesmo. Honesto com aquilo em que acredita, com seus princípios e valores, com sua missão de vida e com sua visão de mundo, permitindo que o ambiente ao seu redor seja agraciado com aquilo que há de mais nobre e honesto do lado de dentro. Por isso, não basta se achar honesto; é preciso mostrar-se honesto, explicitando sua honestidade por meio de atitudes de afirmação expressa e reiterada da verdade, assumindo o compromisso de fazer o que é certo, mesmo quando isso é difícil; de fazer o melhor, mesmo quando você não deseja fazê-lo. Porque, quando você faz desse compromisso uma rotina, suas ações tornam-se hábitos que, com o tempo, integram-se ao seu caráter e, por fim, tornam-se seu destino.

> Não basta se achar honesto; é preciso mostrar-se honesto, explicitando sua honestidade por meio de atitudes de afirmação expressa e reiterada da verdade, assumindo o compromisso de fazer o que é certo, mesmo quando isso é difícil.

As pessoas perdoarão eventuais erros relacionados à sua inexperiência ou falta de capacidade de entrega, e até mesmo o ajudarão, especialmente se perceberem que você está trabalhando para melhorar; isso faz parte do processo de desenvolvimento de todo profissional. Mas raramente confiarão em alguém que não seja verdadeiro, porque a honestidade é o que torna possível a confiança, e a confiança é o alicerce da liderança.

Por isso, honre seus valores, cultive a verdade e faça da honestidade a sua bandeira, porque ela é o primeiro passo para que as pessoas conheçam o seu caráter. Vamos agora conversar um pouco sobre integridade.

Integridade

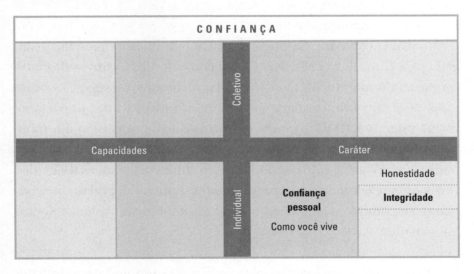

A palavra "integridade" vem do latim *integrare*, que significa inteiro, uno, total. Por isso, integridade tem a ver com totalidade e unicidade. Uma pessoa íntegra ou que age com integridade é una, inteira e previsível em termos de comportamentos e atitudes; o que ela diz é o mesmo que ela faz. O que ela é na frente do espelho é também em público. Em liderança, e na vida, mais importante do que ser perfeito é ser inteiro.

> **Em liderança, e na vida, mais importante do que ser perfeito é ser inteiro.**

Integridade é a congruência entre aquilo que falamos e o que fazemos, e, consequentemente, um dos ingredientes mais importantes na construção da confiança. Isso sem dúvida não é uma grande novidade, mas a pressão por resultados, a necessidade de ser querido, o medo de não ser bom o suficiente, a conveniência e tantas outras coisas às vezes nos levam a esquecer ou minimizar a sua importância. Quando o cinto aperta e as coisas ficam complicadas, parece que somos invadidos por um vírus que nos leva a quebrar alianças, descumprir acordos e compromissos, criar agendas ocultas e desonrar a palavra firmada. É por isso que, se não nos mantivermos atentos, corremos o risco de enfraquecer as relações de confiança.

No livro *O 8º hábito*, Stephen Covey apresenta uma pesquisa realizada pela Consultoria Franklin Covey com 54 mil executivos de diversos países do mundo, na qual 15 mil entrevistados, ou seja, 27,8% do total, apontam a integridade como a característica mais importante de um líder. A KPMG Forensic também realizou uma pesquisa sobre integridade com mais de 4 mil colaboradores de grandes organizações públicas e privadas, abrangendo todos os níveis de responsabilidade.[6] A pesquisa revelou dados impressionantes sobre a integridade no cotidiano corporativo. Compartilho aqui, resumidamente, alguns pontos importantes:

- 74% dos participantes informaram ter observado alguma conduta imprópria nos últimos 12 meses, e metade deles informou que tal conduta era grave e poderia causar uma "significativa perda da confiança do público, caso fosse descoberta".
- 57% das pessoas são pressionadas a fazer "o que for preciso" para cumprir as metas.
- 49% das pessoas creem que serão recompensadas pelos resultados, não pelos meios utilizados para alcançá-los.

- 52% das pessoas acreditam que o código de conduta ou ética da empresa não é levado a sério.
- 33% dos entrevistados estão tentando afrouxar as regras ou furtar para seu ganho pessoal.

Como podemos observar no resultado da pesquisa da KPMG Forensic, mais de 50% dos entrevistados sentem-se induzidos e pressionados a "fazer o que for preciso" para cumprir metas, porque será pelos resultados, e não pelos meios utilizados para atingi-los, que serão recompensadas. O relatório ainda especifica alguns tipos de desvio de conduta ou ações relacionadas à falta de integridade observados na pesquisa:

- Obtenção imprópria de informações confidenciais dos concorrentes.
- Falsificação de relatórios de despesas.
- Fornecimento de informações impróprias a analistas ou investidores.
- Desperdício, má administração ou mau uso dos recursos da organização.
- Discriminação em relação aos funcionários.
- Aceitação de presentes inadequados ou de propinas de fornecedores.
- Pagamento de fornecedores sem faturas ou registros corretos.
- Pagamentos inadequados ou propinas a autoridades.

Por mais tristes que sejam esses dados, eles não são uma grande surpresa. No momento em que escrevo estas palavras, vivenciamos no Brasil o encarceramento de um ex-presidente e a investigação e condenação de um número significativo de políticos e empresários envolvidos em atos de corrupção; pessoas cujas ações, segundo a Justiça, estão completamente desconectadas de suas palavras.

A operação Lava Jato é um triste exemplo de pessoas que escolheram se deixar conduzir pelas circunstâncias, que buscaram um jeito errado de **atingir os resultados**, e que valorizaram o destino sem se importar com a jornada. Pode até ser que existam boas intenções por trás dessas ações, mas se intenções e integridade não percorrerem essa jornada de mãos dadas, os resultados certamente serão ilegítimos.

Por isso, para o líder que deseja conquistar credibilidade e estabelecer verdadeiras relações de confiança, os fins não podem simplesmente justificar os meios; é preciso que tanto os objetivos como os recursos empregados para conquistá-los sejam claros, alinhados com suas palavras e balizados por valores e princípios adequados, caso contrário, perderão a legitimidade. Para mim, esse é um ponto tão importante que, em meu livro *Coração de líder*, decidi definir liderança como "a habilidade de influenciar e inspirar pessoas, servindo-as com amor, caráter e integridade, para que vivam com equilíbrio e trabalhem com entusiasmo em direção a **objetivos e resultados legítimos**, priorizando a formação de novos líderes e a construção de um futuro melhor".

> "Para liderar, uma pessoa precisa ter seguidores. E, para ter seguidores, tem de ter a confiança deles. Por isso, a qualidade suprema de um líder é a sua integridade inquestionável. Sem ela, o sucesso genuíno não é possível, seja numa gangue, num campo de futebol, num exército ou num escritório."

Segundo Dwight Eisenhower, "para liderar, uma pessoa precisa ter seguidores. E, para ter seguidores, tem de ter a confiança deles. Por isso, a qualidade suprema de um líder é a sua integridade inquestionável. Sem ela, o sucesso genuíno não é possível, seja numa gangue, num campo de futebol, num exército ou num escritório".[7] Por isso, uma das maneiras de saber se estamos realmente atuando como líderes é constatar se as pessoas estão nos seguindo porque, se isso não estiver acontecendo, podemos até estar mandando e as pessoas obedecendo, por medo ou conveniência, mas não liderando.

Aliás, você já parou para pensar sobre qual seria o principal motivo que leva as pessoas a seguir um líder? Depois de muito pensar, pesquisar e conversar sobre isso, cheguei a uma conclusão simples e lógica: as pessoas seguem um líder na esperança de que, com ele, consigam chegar a lugares que, sozinhas, provavelmente não atingiriam; elas seguem o líder porque têm a esperança de se tornarem seres humanos e profissionais melhores enquanto estiverem sob a tutela dele. Portanto, proponho aqui algumas perguntas: o lugar para onde você está conduzindo os seus liderados é melhor do que aquele a que eles conseguiriam chegar sozinhos? Eles sabem que é esse lugar? É um bom lugar? Seus liderados se tornam pessoas e profissionais melhores por estarem com você e sua equipe? Eles confiam verdadeiramente em você?

Para que a liderança se estabeleça, para que existam relacionamentos sadios e significativos entre líder e equipe, é preciso que o falar e o fazer caminhem juntos, que a hipocrisia e a apatia deem lugar à proatividade e à integridade, e que seu exemplo desperte esperança e credibilidade.

Figura 5.1 Falar x Fazer

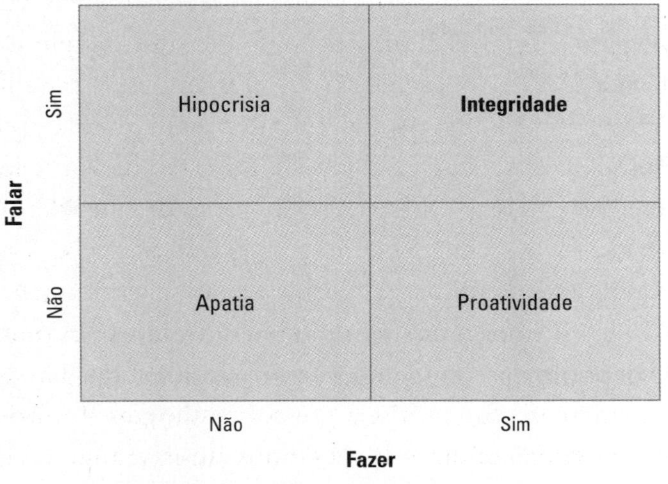

	Não	**Sim**
Sim	Hipocrisia	**Integridade**
Não	Apatia	Proatividade

Falar (eixo vertical) × **Fazer** (eixo horizontal)

Fonte: elaborada pelo autor.

Quando você fala, cria uma expectativa; quando cumpre a sua palavra, constrói integridade. Muitos líderes se iludem ao pensar que ações pontuais e isoladas podem substituir a falta de consistência e integridade, como um pai que tenta compensar sua ausência e desinteresse dando ao filho uma grande festa de aniversário. Relações de confiança não se constroem com intensidade, mas com consistência. Um casamento, por exemplo, não se mantém porque na data de aniversário cada um compra um belo presente para o outro e, ao entregá-lo, diz "eu te amo", mas porque existem demonstrações constantes de atenção, carinho, interesse genuíno, cuidado e amor nas pequenas ações do dia a dia. Confiança tem a ver com consistência, não com intensidade.

Em minha pesquisa sobre confiança na liderança, foi possível perceber que nossos líderes estão no caminho certo. A maioria das respostas à pergunta: "Meu líder cumpre o que promete", conforme podemos observar abaixo, é positiva. Uma ótima notícia!

Tabela 5.2 Cumprimento de promessas

Opções de resposta	Respostas	
Nunca é verdade	4,95%	72
Na maioria das vezes não é verdade	11,27%	164
Às vezes é verdade	23,23%	338
Na maioria das vezes é verdade	37,39%	544
Sempre é verdade	23,16%	337
Total	100,0%	1.455

Fonte: elaborada pelo autor, 2019.

E, ainda que vivamos num cenário incontrolável, incessante e imprevisível, deparamos com muitas oportunidades de demonstrar coerência, consistência e integridade em coisas simples do cotidiano. Quando alguém o procura para conversar num momento em que você está ocupado escrevendo um e-mail, montando um relatório ou fazendo algo importante, o que você normalmente faz? Alguns apenas respondem: "Pode falar que estou ouvindo", e continuam olhando para o computador e teclando, enquanto a outra pessoa fala e busca ganhar sua atenção. Perceba que as palavras falam uma coisa, mas as ações dizem outra completamente diferente. Alguém já fez isso com você? Como você se sentiu?

Se o seu discurso como líder inclui se importar com as pessoas e valorizar suas ideias, esse tipo de atitude é incoerente e demonstra ausência de integridade e falta de respeito. Simplesmente assim. Alguns acreditam que esse tipo de situação é absolutamente normal e faz parte da dinâmica do nosso conturbado cotidiano. Mas, se fosse normal, não teríamos nenhum problema em agir do mesmo modo com o presidente da empresa, mas sabemos que isso não acontece: "Ah, mas é o presidente da empresa!". Quer dizer então que o presidente merece mais atenção e respeito do que as pessoas que convivem com você? Não se iluda. Para que as pessoas acreditem em você, é preciso que suas palavras estejam alinhadas com suas ações. Se, por outro lado, sua liderança funciona na base do manda quem pode, obedece quem tem juízo, com pessoas que não são pagas para pensar e não passam de meros recursos para que os resultados sejam alcançados, obviamente agir dessa maneira é totalmente congruente e íntegro com o que você acredita sobre liderança.

Relações de confiança não se constroem com intensidade, mas com consistência.

Muito bem, mas o que fazer então se, no momento em que a pessoa me procura, eu estiver ocupado e não puder dar atenção a ela? Apenas seja sincero: "Olha, eu realmente não posso parar o que estou fazendo neste momento. Posso te procurar em seguida?". E, quando terminar o que estiver fazendo, procure-a para conversar. Se, contudo, decidir parar o que está fazendo para conversar com ela, faça-o com inteireza; "desconecte-se" da tela do computador e do celular, olhe para ela e dê-lhe atenção, escutando-a com empatia.

Quando você age dessa maneira, com ou sem palavras, está demonstrando que suas ações e seu discurso estão alinhados, levando as pessoas a perceber que as atitudes de seu líder falam tão alto que elas nem precisam ouvir a voz dele, e creia-me, elas podem se esquecer do que você diz, mas raramente se esquecerão daquilo que você faz e de como as faz se sentir.

Lembre-se que, antes de ser um bom líder, é preciso ser um bom ser humano. Afinal, as pessoas não estarão olhando apenas para o profissional, mas também para o ser humano que está usando aquele crachá, e isso inclui aquilo que você faz com a sua vida, incluindo como lida com a sua saúde, a sua energia, os seus relacionamentos, a sua família e tudo o que está à sua volta. Em um dos trabalhos que conduzi em uma empresa, depois de algumas tentativas malsucedidas de reforçar as relações de confiança entre líder e equipe, esse líder me chamou para conversar e disse que sabia qual era a causa da falta de confiança: ele era casado, mas mantinha um relacionamento extraconjugal com uma pessoa da empresa, e todos sabiam. Como integridade significa "inteireza", as pessoas não querem um líder íntegro pela metade, só inteiramente.

Antes de ser um bom líder, é preciso ser um bom ser humano.

E, em função das grandes mudanças a que temos assistido recentemente no mercado de trabalho, e que tendem a se intensificar nos próximos anos, as pessoas já não encontram segurança em sua profissão, na solidez da organização em que trabalham ou na estabilidade do mercado. Considerando que segurança é uma necessidade básica do ser humano, que caminha lado a lado com a confiança, podemos concluir que uma das principais responsabilidades de um líder no contexto atual é a construção de um lugar social e psicologicamente seguro, oferecendo às pessoas um novo porto seguro: a sua integridade.

A integridade dá poder às suas palavras, previsibilidade às suas atitudes, força aos seus planos, impacto às suas ações e constrói a sua reputação e a sua credibilidade, por isso, seja inteiro, alinhado, coerente e jogue limpo com as pessoas. Afinal, o mínimo que se espera de você é oferecer aos seus liderados a oportunidade para que saibam verdadeiramente com quem estão lidando ao escolherem segui-lo como líder.

Agora que já conhecemos um pouco mais sobre a importância da honestidade e da integridade na construção das relações de confiança, chegou a hora de conversarmos sobre transparência.

Transparência

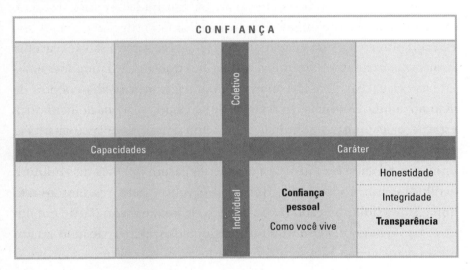

Um líder que age com transparência, além de fortalecer as relações de confiança, potencializa a energia e o foco de seu time em direção a metas e objetivos, e atividades do dia a dia, eliminando frustrações, inconsistências, surpresas e dissonâncias.

Sir Ernest Shackleton foi um desses líderes. Perdido na Antártida em 1915, enfrentando grandes perigos e sem suprimentos, Shackleton conseguiu conservar sua equipe unida, determinada e comprometida, até que todos estivessem em segurança. Para comunicar que apenas as coisas essenciais à sobrevivência deveriam ser mantidas, Shackleton jogou fora seus objetos mais valiosos, incluindo um relógio e uma cigarreira de ouro. Todos então aceitaram descartar o que era supérfluo naquelas circunstâncias e abandonar tudo que pudesse atrapalhar o objetivo de escaparem vivos daquele lugar.

Apesar da situação extrema e crítica, Shackleton fazia questão de fomentar o otimismo e o bom humor por meio de atividades, danças e jogos. Depois de quinze meses presos no gelo, as condições do oceano permitiram que eles partissem em busca de terra firme em botes salva-vidas. Shackleton decidiu então viajar mais 800 milhas, com outras cinco pessoas, em um dos botes, para buscar ajuda. Ao sair, deixou o amigo Frank no comando e lhe entregou uma carta que dizia: "Caso eu não sobreviva a esta viagem, faça o seu melhor para salvar o grupo. Transmita meu amor aos meus e diga-lhes que eu fiz o meu melhor".

Dezessete dias depois, conseguiram chegar a uma ilha coberta de gelo ao sul da Geórgia e tiveram de atravessá-la a pé para alcançar a estação baleeira mais próxima. Shackleton e mais duas pessoas retiraram alguns parafusos do barco, colocaram-nos na sola de suas botas e saíram em direção à estação, aonde chegaram em três dias e foram acolhidos. Em poucos dias, Shackleton voltou para resgatar os três amigos que tinham ficado do outro lado da ilha, e então partiu em um novo barco para buscar o restante da tripulação. Depois de mais quatro meses de viagem, todos foram resgatados com vida.

No livro *A incrível viagem de Shackleton*, de Alfred Lansing, você conhecerá um pouco mais da fantástica e inspiradora história de Shackleton, um líder mais do que inspirador. Agora, se nos basearmos apenas nesse pedaço de sua história, perceberemos que estamos diante de um líder que praticava exatamente o que conversamos até agora em relação à construção de relações de confiança: autoconfiança, autenticidade, integridade e, acima de tudo, transparência. Sabe qual foi o anúncio que Shackleton publicou em um jornal de Londres em 1912 para recrutar trabalhadores para essa jornada? "Procuram-se homens para trabalho perigoso. Salários baixos, frio rigoroso, longos meses de completa escuridão, perigo constante e retorno duvidoso. Honra e reconhecimento, em caso de sucesso." Já naquela época, Shackleton era, sem a menor sombra de dúvida, um líder determinado, honesto, autêntico e transparente, e, por mais incrível que possa parecer, o mesmo tipo de líder que continuamos desesperadamente procurando ainda hoje! Um líder que age com transparência é sincero, honesto, íntegro e ético; alguém que fala o que precisa ser dito, olhando nos olhos, e não pelas costas, e que se relaciona sem agendas ocultas, com intenções claras e explícitas. É um líder que se comunica espontaneamente e com sinceridade, que por não poder falar sobre algum assunto, seja por questões de sigilo, por não ser o momento adequado, ou por qualquer outro motivo, explica os motivos da necessidade desse sigilo, e assume o compromisso de falar sobre o assunto assim que não houver impedimentos. É alguém que utiliza o feedback como ferramenta de desenvolvimento, fazendo-o de forma contínua, respeitosa, sincera e transparente. É um líder que não distrai sua equipe com inconsistências, dissonâncias e surpresas, e que se mantém próximo e acessível, a fim de que as pessoas trabalhem focadas em seus objetivos e atividades, evitando desperdício de tempo e energia com fofocas, fantasias, frustrações e distrações e, consequentemente, entreguem os melhores resultados.

Quanto ao termo "sinceridade", existem várias definições e muitas explicações sobre a origem e o significado dessa palavra. Para uma delas, "sincero" vem do latim *sincerus*, que significa "claro, puro". Alguns dicionários também a definem como "sem hipocrisia ou fingimento". Contudo, a definição de que mais gosto remonta à Antiguidade, quando "sinceridade" significava literalmente "sem cera", do latim *sine* (sem) e *cera* (cera). Naqueles dias, quando peças de cerâmica ou esculturas se quebravam ou sofriam algum dano, eram reparadas com cera; e, por ser transparente, a cera disfarçava as possíveis falhas nas peças. Mas o reparo só durava até o momento em que a peça recebesse algum tipo de calor ou aquecimento porque, quando isso acontecia, a cera derretia e as imperfeições apareciam novamente. Por isso, quando as pessoas se interessavam em comprar peças de cerâmica ou esculturas, buscavam aquelas que fossem *sine cera* ou sinceras, exatamente como o líder que buscamos.

Apenas não confunda sinceridade com "sincericídio". Nem tudo precisa ser dito, e, nesse caso, o melhor recurso que você tem para decidir quando, e o que falar, é o seu bom-senso. Use-o sem moderação.

Além de ser sincero de um modo assertivo e respeitoso, na liderança a transparência se revela por meio do compartilhamento da visão de futuro, de estratégias e planos de ação, de feedbacks honestos, constantes e construtivos, e do alinhamento de expectativas e acordos de convivência.

Visão de futuro

Comecemos então olhando para a importância da visão de futuro para uma liderança transparente.

Como vimos anteriormente, as pessoas tendem a seguir um líder quando percebem que ao lado dele se tornarão pessoas e profissionais melhores e que conseguirão chegar a lugares a que sozinhas não chegariam. Por isso, um dos pontos de partida para a transparência na liderança é que haja uma clara visão de futuro.

Uma visão de futuro comum, além de aumentar a transparência nas comunicações, reforça as relações de confiança e melhora os resultados porque ajuda a substituir o medo e a ansiedade por sonhos, metas e planos. Esta é uma das maneiras de construir um futuro melhor: trazendo esperança ao coração das pessoas, mantendo vivos os seus sonhos, tornando-as seres humanos mais felizes. Afinal, a vida não termina quando paramos de respirar, mas quando deixamos de sonhar.

A visão de futuro é uma imagem que produz paixão, o combustível que cria ação, e uma das mais poderosas demonstrações de transparência na liderança. Ela descreve os ideais e os sonhos das pessoas que compõem a equipe ou a organização, e sua concepção não é um evento, mas um processo que se torna poderoso não apenas pela força da imagem do futuro que queremos criar, mas pela energia e pela paixão que provoca no coração das pessoas.

Existem muitas maneiras de conceber uma visão de futuro, mas é imprescindível que seja um processo de cocriação, já que todos nós tendemos a potencializar o nível de comprometimento, apropriação e engajamento quando nos sentimos parte daquilo que está sendo criado. Nesse processo de cocriação, podemos iniciar a conversa com base em algo que já existe, um rascunho, por exemplo. Leve você mesmo alguma ideia, ou peça para alguém fazê-lo. Apresente o rascunho, deixe que olhem, provoque um diálogo. Pergunte o que acham. Está claro? Algo ainda está um pouco confuso? O que gostariam de acrescentar ou retirar? Vocês acham que conseguimos? É muito ambicioso? É loucura? Assusta? Essa é uma das melhores maneiras de começar a desenvolver uma visão de futuro. As pessoas se sentem respeitadas e valorizadas, e o retorno é muito valioso, dando início à construção de um precioso caminho para níveis elevados de confiança e comprometimento.

A visão de futuro é uma imagem que produz paixão, o combustível que cria ação, e uma das mais poderosas demonstrações de transparência na liderança.

Não espere resolver tudo em uma reunião apenas; lembre-se de que isso é um processo. E, uma vez que os pontos principais da visão tenham sido discutidos e acordados, é importante criar um enunciado simples, claro e direto que enfatize os elementos principais de modo que as pessoas se lembrem deles, ainda que não consigam recordar o enunciado completo. Num desses processos de cocriação de visão de futuro que facilitei em uma organização, depois de algum tempo de conversa, a equipe chegou à conclusão de que sua inspiração e entusiasmo aumentariam muito se conseguissem se tornar a unidade de negócios mais atrativa e lucrativa da organização em três anos.

E, como consequência, estabeleceram o seguinte enunciado de visão: "Ser reconhecido pelos acionistas como o negócio mais atrativo, diverso e lucrativo da empresa até dezembro de...". Após cocriada, a visão de futuro precisa ser compartilhada e o caminho da transparência por toda a equipe ou organização ser trilhado, tendo a liderança como principal agente de compartilhamento, principalmente através de suas atitudes; porque são as ações, e não a visão, que constroem o lugar para onde estamos indo.

Feedback

Nós conversamos sobre feedback na dimensão da autoconfiança. Contudo, naquela ocasião, falamos apenas sobre a importância dos feedbacks para a ampliação do autoconhecimento. Agora, vamos conversar sobre o impacto de dar feedbacks honestos, assertivos e constantes como instrumento de transparência e construção de relações de confiança.

Mais do que gerar transparência, oferecer feedback a alguém é um ato de amor e generosidade, uma profunda demonstração de altruísmo e interesse genuíno pelas pessoas; por isso, o que faz diferença ao dar feedback não é a ferramenta em si, mas a intenção do líder ao fazê-lo. O mais interessante em relação ao feedback é que, ao mesmo tempo que promove a transparência e a confiança, também depende disso para ser bem-sucedido. Em outras palavras, quanto mais você oferece feedbacks às pessoas, maior é a sensação de transparência e confiança que, por sua vez, aumenta a possibilidade de que o feedback seja bem-sucedido. Obviamente, a recíproca é verdadeira; se você quase não oferece feedbacks às pessoas, ou apenas o faz de tempos em tempos, quando a área de Recursos Humanos o força a fazê-lo, a falta de transparência e a desconfiança muito provavelmente farão parte da sua relação com sua equipe e, consequentemente, as pessoas terão muita dificuldade em aceitar seus feedbacks porque suas intenções ao fazê-lo não estão claras para elas.

Por isso, para que o feedback se estabeleça em sua liderança, é preciso que você construa um ambiente de confiança, transparência e honestidade por meio dos próprios feedbacks, e a palavra para um bom feedback é sinceridade. Seu feedback pode ser lindo, repleto de técnica e habilidade, mas, se não for sincero, não servirá para nada. E aqui é importante ressaltar que isso vale tanto para feedbacks de correção de rota quanto para os de reconhecimento. Em ambos os casos, por mais difícil, e até mesmo dura, que seja a conversa, você e a pessoa que o está recebendo deveriam sair da conversa melhores do que entraram. Talvez tristes e chateados por terem de tratar de assuntos que nem sempre são agradáveis, mas conscientes de que houve total transparência na conversa e com a sensação de missão cumprida.

Outro dia, conversando com alguns amigos, um deles comentou que seu chefe adota um modelo muito peculiar de feedback, que ele batizou de "Feedback paparazzi". Disse que durante a reunião trimestral com toda a equipe, o diretor reserva parte do tempo para dar feedback a todos os gerentes. Ele abre o caderno, olha suas anotações e fala para cada um, na frente de todos, as coisas que não fizeram bem ou que poderiam ter feito melhor. Ele "fotografa" tudo o que está acontecendo no dia a dia, anota no caderno e, na reunião trimestral, surpreende a todos com as "fotos exclusivas". Um verdadeiro paparazzi!

Poxa, não faz o menor sentido esperar por uma reunião mensal, trimestral ou mesmo semestral para conversar com as pessoas sobre as coisas que estão fazendo e o seu desempenho. Existem líderes que praticamente não conversam com sua equipe durante o ano todo e, na avaliação anual ou semestral de desempenho, sacam suas anotações com feedbacks que deveriam ter sido dados há vários meses. Isso, para mim, não é feedback, mas *flashback*.

De fato, o nome mais apropriado para esse tipo de situação é traição, porque, se o líder viu a pessoa fazendo alguma coisa que, em sua opinião, poderia ser feita de um jeito melhor e não deu feedback no momento em que o fato aconteceu, impedindo o colaborador de aprender a fazer de maneira mais assertiva antes e chegar no momento da avaliação com resultados melhores, faltou com transparência e traiu a confiança dessa pessoa, além de prejudicar os resultados do funcionário e da organização. E o mais triste de tudo isso é que situações como essa não são incomuns. Por favor, não se torne um líder paparazzi!

Para ser útil e eficaz, portanto, um feedback precisa ser aplicado logo após o fato, seja em forma de correção de rota, alinhamento, incentivo ou elogio, para que, a partir daquele momento, as pessoas possam fazer algo diferente. Esperar meses para reforçar o que estão fazendo bem ou indicar o que poderiam estar fazendo melhor prejudica os resultados, elimina a sensação de transparência, impede a construção de relações de confiança e, consequentemente, torna fraca e insípida a sua liderança. Por isso, o feedback sincero e cotidiano é o melhor caminho para a transparência e a construção de um ambiente de respeito e confiança, além de proporcionar crescimento e desenvolvimento em todos os níveis da organização. Assim, faça dele um de seus principais aliados.

O feedback sincero e cotidiano é o melhor caminho para a transparência e a construção de um ambiente de respeito e confiança.

Seja assertivo e respeitoso ao dar feedback, já que você não está ali para julgar a pessoa, e sim para contribuir com o crescimento dela, informando-a sobre algo que a ajude a perceber o que funciona e o que não funciona em suas ações. A melhor maneira de fazê-lo é sendo positivo, ainda que o motivo do feedback seja uma ação que não tenha gerado o resultado esperado. Valorize o erro inédito e use-o como parte do processo de aprendizagem.

Uma vez que as pessoas percebam seu interesse genuíno, disposição e generosidade em ajudá-las a crescer por meio de feedbacks sinceros e honestos, a utilização de uma ferramenta pode facilitar o processo, por isso, quero compartilhar com você um dos modelos mais simples e eficazes que conheço para dar feedbacks no dia a dia. É o modelo SCI: Situação, Comportamento e Impacto, desenvolvido pelo CCL – Center for Creative Leadership:*

Situação: onde o fato aconteceu. Exemplo: "Ontem, na reunião de resultados...".
Comportamento: a descrição, sem julgamento, do comportamento da pessoa. Exemplo: "Você saiu da sala três vezes para atender ao celular". Perceba que esta é uma descrição exata do comportamento da pessoa; todos os presentes poderiam relatar exatamente a mesma coisa. A descrição é diferente de emitir um julgamento sobre o comportamento da pessoa: "Como sempre, você não deu a menor importância à reunião". Percebe a diferença entre comportamento e julgamento? Quando emitimos um julgamento, tornamos o feedback pessoal e emocional, aumentando a possibilidade de rejeição e contestação por parte da outra pessoa. Contudo, se apenas descrevermos o comportamento, algo observável por todos, o feedback permanece na ação e no fato, e, como contra fatos não há argumentos, isso aumenta radicalmente as chances de sucesso do feedback.
Impacto: diga quais são os impactos desse comportamento em você, na equipe, nos outros, na empresa e nos resultados. Exemplo: "Isso me deixou chateado porque já havíamos conversamos sobre essa situação e você voltou a agir da mesma maneira", ou "Isso pode causar a percepção de que esta reunião não é importante para você", ou ainda "Isso pode passar a percepção para o restante da equipe de que você não quer colaborar com o projeto". No impacto, podemos ser mais criativos e até emocionais, desde que o comportamento tenha realmente ficado claro.

---

* Para saber mais sobre o modelo SCI, acesse: <https://www.ccl.org/articles/leading-effectively-articles/review-time-how-to-give-feedback>.

E, se a emoção não estiver presente, pode até arriscar desenhar um rápido plano de ação para corrigir o problema e evitar que ele se repita. Isso pode ser feito com uma simples pergunta: "O que você fará para evitar que isso aconteça novamente?". Por outro lado, se a pessoa estiver emocionada, deixe o plano de ação para o dia seguinte, já que a emoção inibe o raciocínio lógico, diminuindo a possibilidade de um bom resultado. Se julgar necessário, encerre o feedback indicando ao seu liderado como essa conversa pode contribuir para o desenvolvimento dele e reitere sua intenção de sempre ajudá-lo nessa jornada de crescimento. O objetivo é que ele saia dessa conversa melhor do que entrou.

Não se esqueça de que o feedback também deve ser usado para pontuar fatos positivos, para "flagrar as pessoas fazendo algo certo"; portanto, ao perceber as pessoas fazendo algo muito bem ou melhor do que faziam antes, elogie-as e reconheça-as especificamente por esse fato. Isso as incentivará a seguir melhorando e a reconhecer que os bons resultados são fruto de esforço e dedicação. Portanto, transforme o feedback em um de seus principais aliados para ampliar a transparência em sua liderança.

Alinhamento de expectativas

No capítulo sobre neurociência e confiança, falaremos mais sobre isso, mas aqui quero adiantar uma informação importante sobre alinhamento de expectativas: o cérebro humano odeia a frustração. E por que saber disso é importante? Não sei se você já percebeu, mas o que realmente nos causa frustração não é o que acontece ou deixa de acontecer, mas a expectativa que temos sobre o que deveria acontecer, ou seja, a falta de alinhamento de expectativas. E o mais interessante é que, por coincidência, o alinhamento de expectativas é um dos comportamentos mais negligenciados por nossos líderes.

......................................•......................................

Eu pedi ao meu vizinho que me ajudasse a mover um sofá que havia ficado preso na porta de entrada. Nós o empurramos com insistência durante vários minutos até ficarmos completamente exaustos, porém o sofá não se moveu um centímetro sequer.

– Desista – disse meu vizinho –, nós nunca conseguiremos colocá-lo para dentro.

Eu olhei para ele, e disse:

– Para dentro?

......................................•......................................

Organizações são feitas de pessoas responsáveis por conduzir suas próprias atividades e processos, liderar equipes, entregar resultados por meio da colaboração, idealizar e criar novos projetos e produtos, enfim, atender às expectativas de todos os interessados [*stakeholders*], internos e externos. É importante lembrar, contudo, que as pessoas que tentam atender às expectativas da organização também têm suas próprias expectativas pessoais e profissionais, metas e objetivos individuais, e que esperam ser ouvidas, vistas, respeitadas e valorizadas, principalmente por seus líderes.

O alinhamento de expectativas é uma das principais ferramentas da liderança transparente porque esclarece e coloca ao alcance dos olhos de todos os envolvidos aquilo que se espera de cada um.

O alinhamento de expectativas é uma das principais ferramentas da liderança transparente porque esclarece e coloca ao alcance dos olhos de todos os envolvidos aquilo que se espera de cada um. Esse alinhamento pode acontecer em vários níveis, mas, como o foco deste livro é a liderança, vamos colocar o foco no alinhamento de expectativas entre líder e liderado.

Eu até percebo que um número considerável de líderes costuma alinhar expectativas com seus liderados, mas, em geral, o fazem de maneira unilateral e incompleta. Normalmente, dizem aos liderados o que esperam deles em termos de comportamentos, ética, colaboração, entregas e resultados; também os ajudam a compreender como suas atividades contribuem para que as metas e os objetivos da área e da organização sejam atingidos. O problema, contudo, é que a maioria dos líderes para por aqui, deixando de fazer perguntas importantíssimas aos seus liderados, principalmente sobre o que eles esperam do seu líder. A seguir, trago algumas sugestões de perguntas, mas tome-as apenas como exemplo. Dependendo do momento em que o alinhamento de expectativas acontece, outras perguntas podem ser utilizadas.

- Quais são suas expectativas em relação ao seu crescimento pessoal e profissional?
- Como você espera que eu, como seu líder, o ajude nessa jornada?
- O que você espera de mim como líder?
- Como você gostaria de ser liderado por mim?
- O que posso aperfeiçoar para me tornar um líder melhor para você e para a equipe?

Estamos de acordo que "alinhamento" pressupõe que os dois lados sejam ouvidos, certo? Caso contrário, não seria alinhamento de expectativas, e sim uma comunicação sobre as expectativas do líder em relação ao seu liderado. Agir assim é como colocar entre o líder e sua equipe uma espécie de vidro espelhado, daqueles utilizados em salas de interrogatório, onde quem está de um lado vê o que acontece, mas quem está do outro, não. Isso não é transparência.

Além disso, o simples fato de perguntar e ouvir as respostas com atenção aumenta nas pessoas a sensação de importância e pertencimento que, por sua vez, favorece a construção de relações de confiança e contribui de maneira significativa para a criação de um ambiente psicológica e emocionalmente mais seguro.

É provável que muitas pessoas nem tenham respostas para essas perguntas. Se isso acontecer, deixe-as pensar, ainda que leve algum tempo. As respostas certamente o surpreenderão, algumas positivamente, outras nem tanto. Mas tudo isso faz parte do processo. Pode ser que, ao perguntar sobre crescimento pessoal e profissional, alguém lhe diga que espera se tornar presidente da empresa em menos de três anos; uma expectativa justa, mas talvez um tanto ousada para os padrões da organização. Talvez alguém responda que gostaria de contar com pelo menos duas horas do seu tempo diário para acelerar o seu desenvolvimento; talvez esse tempo não caiba na agenda. Esses são os momentos de colocar cada expectativa no nível das possibilidades reais. Pode até ser que um dos lados não goste do resultado desse alinhamento, mas é preciso ser claro e transparente.

Outro ponto muito importante em relação ao alinhamento de expectativas são os **acordos de convivência**, que diminuem muito o ruído ao detalhar os comportamentos esperados nas mais diversas situações. Um exemplo simples sobre como e onde utilizá-los são as reuniões, em geral chatas e improdutivas. Podemos, por exemplo, criar um acordo de convivência que inclua: "As nossas reuniões começarão e terminarão no horário". Algo simples, mas que evita que os "atrasildos" fiquem chateados por não terem sido aguardados para o início da reunião. Observe que não são "regras", mas "acordos", e que, como tais, precisam ter a concordância de todos os envolvidos; por esse motivo, também são um tipo de alinhamento de expectativas.

No meu trabalho, quando precisamos envolver vários profissionais em uma entrega, como treinamentos de imersão que duram cinco dias, chegamos bem mais cedo e repassamos todos os pontos de nossos acordos de convivência para que ninguém tenha dúvidas, ainda que toda a equipe já os conheça em detalhe. Isso favorece demais a transparência, a eficiência e, acredite, evita muitas dores de cabeça. A seguir, três exemplos simples e específicos dos itens que costumam constar nesses acordos de convivência:

- Não utilizaremos o celular durante a reunião.
- Chegaremos pelo menos 15 minutos antes do horário estipulado para início ou retorno das atividades.
- Se precisarmos conversar com alguém, o faremos fora da sala.

São muitas coisas relacionadas à transparência, não é mesmo? Sinceridade, visão de futuro, feedback e alinhamento de expectativas: esses comportamentos, atitudes e iniciativas favorecem demais a transparência e a construção de relações de confiança. Coisas que dão trabalho, que exigem tempo e dedicação do líder, mas que com o tempo tornam-se grandes aliados na construção de um ambiente muito mais transparente, confiante e seguro para todos. Vamos agora para a última característica da dimensão da confiança pessoal: a ética.

Ética

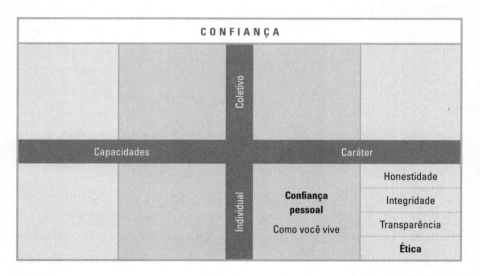

A palavra "ética" tem sua origem no grego *ethos*, que significa "morada do humano". *Ethos* é o lugar onde habitamos com as outras pessoas, moldado ao nosso jeito, e que está em constante transformação para que se torne cada vez mais agradável. Ética, portanto, é o conjunto de princípios e valores que determinam nosso comportamento e nossas atitudes em relação ao mundo (nossa morada) e às pessoas que nele vivem. Como reflexão sobre os fundamentos da vida, a ética é traduzida em atitudes que protegem e produzem coletividade por meio do estado de alteridade, ou seja, a capacidade de ver o outro como outro, e não como estranho ou inimigo.

A ética é traduzida em atitudes que protegem e produzem coletividade por meio da capacidade de não ver o outro como inimigo.

Lembro-me que no meu primeiro ano de escola havia distribuição de lanches durante o intervalo e, um dia, quando cheguei à cantina, a fila estava enorme. Enquanto corria à procura do final daquela fila gigantesca, um amigo me chamou para "furar a fila" com ele e eu aceitei. A fila foi andando rapidamente até chegarmos perto da "boca" do caixa e, quando chegou a minha vez, a moça da cantina me entregou o lanche, fechou a janela e disse: "O lanche acabou". Meu amigo, que seria o próximo, ficou olhando para mim sem saber o que dizer. Ele acabara de ficar sem o lanche justamente por haver cedido seu lugar para mim. O que você acha que eu deveria ter feito? Repartido meu lanche com ele? Dado o lanche todo para ele? Pois é, não tenho o menor orgulho em dizer isso, mas fiz o contrário: além de não dividir nem dar o lanche para ele, tirei o maior "sarro" e contei para os nossos amigos sobre o acontecido, me achando a criança mais esperta do mundo.

Apesar de estarmos falando de crianças, certamente observamos aqui uma total falta de ética: primeiro, meu amigo me oferece um lugar à sua frente e, buscando me favorecer, prejudicou todas as outras crianças que estavam depois dele. Eu aceitei um lugar que não era meu e consolidei o prejuízo às outras crianças. E finalmente, mas não menos vergonhoso, além de não dividir nem ceder o lanche ao meu amigo, ainda "compartilhei" o ocorrido com os outros meninos, que zombaram dele durante vários dias. É muita falta de ética para um só evento, não é mesmo?

A ética não precisaria existir se não tivéssemos que conviver todos os dias com outras pessoas. Se não fôssemos seres sociais e vivêssemos sozinhos ou isolados, não precisaríamos de ética, mas, como convivemos ("vivemos com") outras pessoas, ela se torna indispensável para que haja limites, princípios e valores que orientem essa convivência.

Mas a verdade é que não é fácil ser ético em nossos dias, quando as principais notícias dos telejornais tanto falam da corrupção de autoridades públicas. Dias em que alguns estão mais preocupados com a compra de lagosta e vinhos importados para uma minoria de magistrados do que com os milhões de crianças que sofrem com a qualidade ou a falta de merenda nas escolas. Líderes que poderiam ser exemplo de ética, servindo àqueles que neles acreditaram, mas que preferem servir a si mesmos, criam dificuldades para vender facilidades e, de brinde, entregam a sua alma e a sua dignidade. São muitas as situações que nos induzem a nos desviar daquilo em que acreditamos, mas se verdadeiramente desejamos construir um futuro melhor para todos e estabelecer uma liderança que faça diferença no mundo e na vida das pessoas, precisamos continuar regando a semente da ética diariamente, ainda que essas decisões nos causem prejuízo ou desconforto.

O mundo precisa de líderes que entendam e apostem que a única maneira de acabar com esse sistema de facilidades e apodrecimento das relações é lutando contra ele. Para alguns, pode parecer uma missão impossível, mas não para esses líderes, porque eles acreditam na capacidade de pensar, sentir e agir, creem que existe algo ou alguém além do tangível ou do material que traz consciência, significado e equilíbrio para o papel das pessoas nas organizações, na família, na sociedade e no mundo; líderes que não usam apenas a inteligência intelectual e emocional, mas que agem com inteligência espiritual, que compreendem que suas atitudes transcendem tempo e espaço e impactam não apenas o presente, mas também, e principalmente, o futuro de todos os que estão à sua volta.

Mãe: Supermercado Mambo, fui hoje ao Pão de Açúcar com meu filho especial e tive a grata surpresa de eles terem um carrinho acessível! Eu sou cliente do Mambo, mas confesso que agora irei mais ao Pão de Açúcar porque assim meu filho pode me acompanhar. Que tal comprar uns para o Mambo?

Supermercados Mambo: Olá. Agradecemos o envio de sua ideia e já encaminhamos para a área responsável. Assim que tivermos um posicionamento sobre a chegada do carrinho em nossas lojas, entraremos em contato com a sra.

Pão de Açúcar: Estamos muito felizes em poder compartilhar essa ideia com vocês, Supermercados Mambo. Mandem uma mensagem privada pra gente. Essa é a única cadeira do Brasil e o projeto já está homologado. Vamos te passar o contato do nosso fornecedor!

Supermercados Mambo: Nós também estamos felizes, Pão de Açúcar, e agradecemos o fato de se colocarem à disposição para passar o contato. Já estamos providenciando para que em breve a cadeira esteja disponível aos clientes em todas as lojas Mambo.[8]

Existem muitos exemplos de atitudes simples, mas que nos ensinam bastante sobre ética; ações que priorizam a boa convivência, como o episódio que acabou de ler. Outro exemplo simples, mas espetacular, transmitido para todo o mundo foi dado pelos japoneses recolhendo o lixo no final do jogo de estreia contra a Colômbia, na Copa do Mundo de Futebol na Rússia.

Se olharmos para os acontecimentos, tanto para os que denotam falta de ética quanto para os que são exemplo desse tipo de comportamento, perceberemos que, em alguns casos, as pessoas tiveram que lutar contra alguns dilemas. Dilemas que podem ser classificados em pelo menos três tipos: dilemas da conveniência, dilemas da vantagem e dilemas da relativização.

O **dilema da conveniência** nos coloca duas possibilidades: optar pelo mais fácil ou pelo correto. Desde situações simples, como andar pelo acostamento numa estrada onde todos os outros carros esperam para prosseguir, até as complexas, como mentir sobre algo muito importante para uma pessoa. Qual é a melhor escolha? O mais fácil e conveniente ou aquilo que sabemos que é certo? Até onde podemos considerar antiética uma mentira para encobrir um pequeno erro? Até onde posso omitir informações das pessoas que lidero? Qual é o limite das promessas que faço para realizar ou conquistar um negócio? Para alguns, infelizmente, o natural é optar pela conveniência e então decidir pelo mais fácil. Este é o primeiro dilema ético que vivemos.

O segundo é o **dilema da vantagem** que, de fato, tem outro apelido que inclui o nome de uma pessoa, a qual prefiro preservar. Essa pessoa foi um dos melhores jogadores de futebol da nossa história. Em 1976, ele participou da campanha publicitária de uma marca de cigarros, e uma de suas falas no vídeo era: "Por que pagar mais caro se o cigarro X me dá tudo aquilo que eu quero de um bom cigarro?", e em seguida, com um sorriso maroto, disse a infame frase que, descontextualizada, tornou-se o jargão oficial dos espertalhões: "Gosto de levar vantagem em tudo, certo?". E até hoje, infelizmente, vemos muita gente levando sua sugestão ao pé da letra, enaltecendo a malandragem, a esperteza e o tão propagado e destrutivo "jeitinho brasileiro".

Quem nunca vendeu algo, seja um carro, casa, celular, tablet, computador ou bicicleta, sabendo que tinha algum problema, por menor e mais simples que fosse, e mesmo assim preferiu omitir essa informação para não atrapalhar a venda? Você conhece alguém que goste de perder ou que não goste de ganhar? De fato, a não ser quando estamos brincando e jogando com filhos e netos, acho que ninguém gosta de perder, principalmente porque o sucesso pelo qual lutamos todos os dias depende das conquistas. Contudo, talvez falte a compreensão de que nem sempre conquistar é sinônimo de ganhar, e que tampouco é preciso optar entre ser ético e ser vencedor, já que é plenamente possível vencer com ética, uma vez que vencer não significa necessariamente levar vantagem em tudo.

Pode parecer que estou falando apenas de decisões e escolhas, mas estou também falando de prioridades. O dilema da vantagem nos leva a colocar os ganhos à frente da ética. O dilema, portanto, está entre priorizar vencer a qualquer preço, mesmo que não sejamos éticos, ou agir eticamente e, se necessário, deixar de ganhar. Isso não se aplica apenas a situações relacionadas a ganhar ou perder dinheiro. Basta observar o trânsito das grandes cidades que você se dará conta do que estou falando. Motoristas fazendo de tudo para levar vantagem sobre os outros; motociclistas, ciclistas, motoristas e condutores de patinetes elétricos em constante guerra e, no meio deles, pedestres lutando para não se tornarem vítimas de toda essa loucura.

Eu sei que não é confortável falar sobre isso, mas a verdade é que o dilema da vantagem nos leva a escolher comportamentos como ultrapassar os limites de velocidade, passar no semáforo vermelho, impedir que o veículo que está dando sinal entre na nossa frente, trafegar pelo acostamento ou pela faixa exclusiva de ônibus, desrespeitar vagas e assentos reservados a idosos e deficientes físicos, enfim, coisas supostamente inofensivas, mas que comprometem a boa convivência e, portanto, não são éticas.

O terceiro é o **dilema da relativização**. Por ser individual e poder se contrapor à moral ou ao que se supõe ser correto, podemos concluir que a ética pode ser relativizada, já que pressupõe que haja a capacidade de avaliar, decidir e julgar com autonomia, independência e liberdade. Essa possibilidade de relativização pode nos levar a justificar certas atitudes; por exemplo, roubar pode ser desonesto e antiético, mas roubar alguém que tem muito dinheiro, ou mesmo roubar um ladrão, pode ter um peso menor, dependendo de quem avalia a situação. Para os que pensam assim, tampouco é antiético levar para casa algum material de escritório da empresa; a empresa é rica, não vai falir por causa disso, e ninguém vai sentir falta desse material.

O grande perigo do dilema da relativização é que cada pessoa passa a seguir o próprio padrão ético, que tende a mudar dependendo da conveniência da situação e das intenções. Ele nos leva a criar o nosso próprio código de ética com base em nossas decisões e ações, induzindo-nos a pensar que aquilo que é bom para nós é, então, algo naturalmente bom e ético.

Ética tem a ver com honestidade, integridade, equilíbrio e previsibilidade. Integridade de sentir, pensar, falar e agir de maneira alinhada e coerente com suas palavras e com aquilo em que acredita. É por isso que o antídoto para as tentações dos dilemas éticos que a vida nos propõe diariamente é o que conversamos na dimensão da confiança pessoal: honestidade, integridade e transparência. Ao adotá-los como padrão em nossa vida pessoal e profissional, e ao demonstrá-los em nossas atitudes como líder, estaremos naturalmente sendo éticos e, consequentemente, dando um passo grande e importante para a construção de relações de confiança.

Ética tem a ver com honestidade, integridade, equilíbrio e previsibilidade.

Com isso finalizamos o capítulo da dimensão da confiança pessoal, com muitas reflexões sobre honestidade, integridade, transparência e ética, ingredientes essenciais na construção de relações de confiança. Lembrando que, antes de ser um bom líder, é preciso ser um bom ser humano; portanto, faça a sua parte! Sigamos então para a terceira dimensão da confiança, a **confiança interpessoal**.

6

A dimensão da confiança interpessoal

........................•........................

A gente precisa de gente para ser gente

O LÍDER SE TORNA O NÚMERO 1 COLOCANDO
AS PESSOAS EM PRIMEIRO LUGAR.

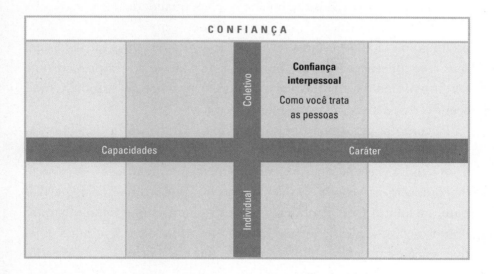

N a **dimensão da confiança interpessoal** conversaremos mais explicitamente sobre relacionamentos com outras pessoas. Tudo o que discutimos até agora, e o que ainda discutiremos até o final do livro, tem como principal objetivo o fortalecimento das relações de confiança, porque é a qualidade dos nossos relacionamentos que determina o valor das nossas conquistas, o clima organizacional, os resultados e a nossa felicidade. Portanto, se realmente acreditamos que a jornada é mais importante do que o destino, que a gente precisa de gente para ser gente feliz, que o clima organizacional influencia diretamente na motivação das pessoas, e que, como líderes, somos responsáveis por cuidar e desenvolver as pessoas e buscar os melhores resultados com elas, precisamos investir tempo e colocar o nosso coração na construção de relacionamentos verdadeiros por meio da confiança.

Para termos uma ideia de como os relacionamentos são importantes para a nossa vida, um estudo sobre o desenvolvimento adulto realizado por pesquisadores da Universidade Harvard desde 1938, e que monitorou o estado mental, físico e emocional de 700 rapazes durante toda a vida, incluindo estudantes da renomada universidade e moradores de bairros pobres de Boston, concluiu que a qualidade dos nossos relacionamentos é o principal fator para nos mantermos felizes e saudáveis ao longo da vida. O estudo revelou que as pessoas mais satisfeitas em seus relacionamentos, mais conectadas ao outro e ao próprio corpo e cérebro permanecem saudáveis por mais tempo porque se sentem mais seguras e podem ser elas mesmas.[1]

E, como já vimos, não importa o tipo ou a natureza da sua organização: indústria, comércio, banco, serviços, família, igreja, clube ou ONG, todas elas operam no ramo dos relacionamentos; elas só existem e acontecem por causa da relação entre as pessoas que delas participam, incluindo você. Embora sejam os resultados que mantenham as organizações, se eles se tornarem a sua prioridade e o seu único objetivo, você estará colocando em risco a sua liderança; o seu propósito como líder deixará de existir e, sem propósito, tudo perde o sentido. Portanto, não cuide apenas dos resultados; cuide também, e principalmente, daqueles que cuidam dos resultados: pessoas que, como você e eu, têm sentimentos, emoções, fragilidades, dificuldades, potencialidades e a necessidade de que alguém as ajude a se tornarem melhores do que são. Esse alguém é você, líder. Você perceberá que, quanto mais cuidar delas, mais elas cuidarão de você e o ajudarão a conquistar os melhores resultados, porque, como menciono no livro *Coração de líder*, "o líder se torna o número 1 colocando as pessoas em primeiro lugar".

Conheci muitos líderes inspiradores ao longo da minha jornada, e um deles me marcou muito em relação à sua dimensão da confiança interpessoal. No primeiro dia de um programa de liderança que conduzi em uma indústria química multinacional, o presidente da empresa fez a abertura do evento e disse aos diretores e gerentes ali presentes: "Vocês sabem que eu reservo 30% do meu tempo para pessoas, e também sabem que minha secretária fica doidinha ao tentar organizar minha agenda, já que a orientação que ela tem é a seguinte: pessoas são prioridade e eu preciso estar disponível para elas no momento em que elas precisam, e não apenas quando eu posso". Como é que o presidente de uma grande empresa multinacional, com tantas coisas importantes para se preocupar e fazer, reuniões, viagens, decisões relacionadas aos negócios, estratégia, investimentos, resultados e um montão de outros temas, consegue dedicar 30% do seu tempo para as pessoas? A resposta está naquilo em que ele acredita: são as pessoas que, de fato, fazem tudo isso acontecer e, ao se sentirem percebidas, seguras, respeitadas, valorizadas e consideradas, tornam-se mais motivadas e engajadas, e consequentemente tendem a entregar resultados ainda melhores. Simples assim.

Líder é gente, liderados são gente, cliente é gente, fornecedor é gente. A gente precisa de gente para ser gente; portanto, se você quiser se tornar um líder com resultados cada vez melhores, precisa aprender a colocar pessoas na agenda porque, de fato, o líder não existe para si mesmo, mas para as pessoas, já que sem elas a figura do líder é completamente desnecessária.

Quanto tempo da sua agenda tem sido dedicado a conhecer melhor as pessoas à sua volta, entender a história delas, suas preferências, suas aptidões e talentos, suas expectativas, suas ideias, suas inquietações e seus medos? Quanto você se deixa conhecer por elas? Quanto tempo você dedica para construir relações de confiança com aqueles com quem se relaciona?

Aliás, em vez de perguntarmos como é que ele, mesmo sendo presidente da empresa, consegue dedicar tanto tempo às pessoas, que tal perguntarmos: "O que será que ele fez para chegar a essa posição?". Certamente essa resposta inclui muitas coisas, e uma delas é o fato de haver dedicado boa parte de seu tempo às pessoas.

Como revelou o Trust Barometer, sobre o qual comentamos no Capítulo 1, o Brasil é um dos países mais desconfiados do mundo. No site *Our World in Data*, há uma importante pesquisa sobre confiança que é realizada desde 1984 em vários países do mundo, incluindo o Brasil, em que podemos acompanhar o nível de confiança de cada um deles com base na afirmação: "A maioria das pessoas são confiáveis em nossa sociedade".[2] Veja no gráfico a seguir a comparação dos resultados. Em 2014, nos dados mais recentes da pesquisa, China e Suécia apareceram no topo da lista com aproximadamente 63%; já o Brasil fica abaixo de Uganda e Zimbábue, com 6,53%. De um jeito bem evidente, a conclusão é que o brasileiro acredita que a grande maioria das pessoas não é confiável.

Gráfico 6.1 Atitudes de confiança interpessoal

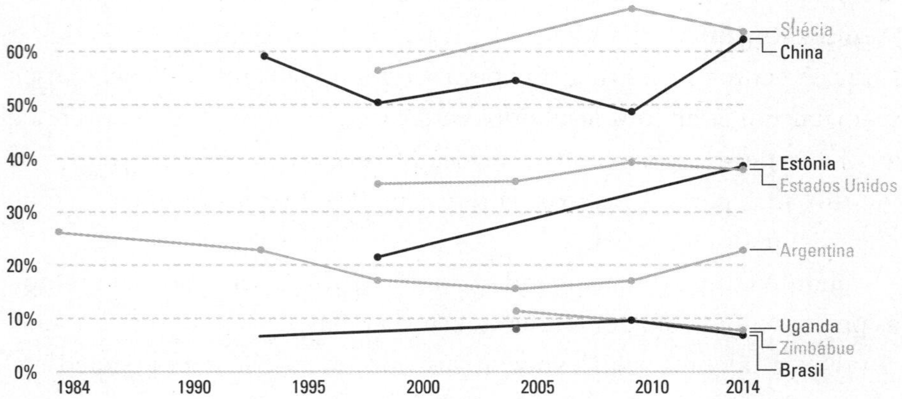

Fonte: adaptado de *Our World in Data*.

E isso traz para nós um desafio ainda maior: o de reverter esses números, de mudar essa crença, tornando o nosso país um lugar confiável, seguro e melhor para todos. Esse processo começa com a demonstração de interesse genuíno pelas pessoas e com a construção de verdadeiras relações de confiança, que dependem de você, de mim e de todos os interessados em um futuro melhor.

Por isso, quem ocupa a posição de líder deve priorizar, escutar, cuidar e desenvolver as pessoas, e enxergar, na diversidade e nas diferenças, a possibilidade de usar as melhores características individuais em benefício de todos. Como já vimos, para o líder é imprescindível construir uma visão de futuro comum e compartilhada, conduzindo as pessoas ao conhecimento da "floresta" para que deixem de enxergar apenas as árvores; é preciso praticar feedback constante, honesto e sincero, empoderar as pessoas, influenciá-las e inspirá-las a darem o melhor de si. No papel de líder é preciso empenhar-se na formação de novos líderes, cuidando não apenas do presente, mas também do futuro da organização.

Assim, nas próximas páginas, discutiremos dentro da dimensão da confiança interpessoal, as principais atitudes que podem ajudá-lo a equilibrar esses papéis e reforçar as relações de confiança em sua liderança.

Proximidade

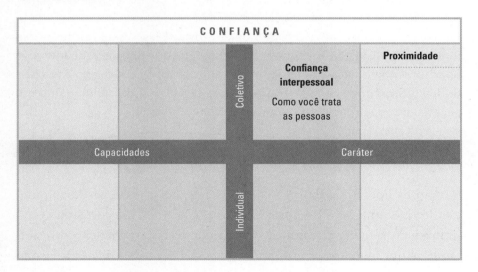

Aqueles que convivem comigo, principalmente no contexto profissional, certamente já me ouviram dizer que "o líder não precisa ser íntimo das pessoas, mas precisa estar próximo delas".

.... • ....

Na década de 1970, o jovem italiano Ernesto Sirolli, estudante de Ciências Políticas, estava em uma missão para ajudar as comunidades carentes na Zâmbia, desenvolvendo técnicas de agricultura. Ele e seus colegas encontraram um vale com terras muito férteis às margens de um rio num povoado local e ensinaram aos nativos como plantar as sementes de tomates e abobrinhas que haviam trazido da Itália.
Os dias foram passando, as "plantinhas" foram crescendo e os primeiros tomates começaram a surgir. Todos estavam alegres e satisfeitos.
Em certa manhã ensolarada, contudo, uma manada de hipopótamos saiu do rio, invadiu a plantação e destruiu tudo que viu pela frente.
Ernesto, sentindo-se derrotado, aproximou-se de um dos nativos e perguntou:
– Por que vocês não nos falaram a respeito dos hipopótamos?
O nativo olhou bem para ele e disse:
– Vocês nunca perguntaram!
Desse dia em diante, o dr. Ernest Sirolli entendeu que, antes de tentar ajudar as pessoas em seu desenvolvimento, é necessário conhecê-las e, para isso, é preciso estar próximo delas e escutá-las! Posteriormente, ele fundou o Sirolli Institute – Enterprise Facilitation, que tem ajudado milhares de empreendedores ao redor do mundo a desenvolver seus negócios a partir de suas próprias perspectivas. Em suas palavras, explicando o enorme sucesso de sua organização sem fins lucrativos, ele diz:
– Nós apenas nos calamos e ouvimos.[3]

.... • ....

Alguns líderes preferem manter as pessoas a certa distância, alegando que uma possível aproximação poderia ser interpretada como intimidade, e talvez prejudicar o andamento das atividades e os resultados, já que assuntos profissionais e pessoais são coisas diferentes e não deveriam se misturar. Esse é um tema até certo ponto polêmico porque esse tipo de pensamento, ao mesmo tempo que demonstra lógica e coerência, também contrapõe-se ao fato de que, sem que haja bons relacionamentos, a liderança simplesmente inexiste. O que fazer então? Qual é o ponto de equilíbrio nesse nível de proximidade entre líder e equipe?

Bem, quando falamos de pessoas e relacionamentos, não existe uma única resposta, e tampouco respostas absolutamente corretas, mas o caminho aqui certamente passa pela consciência de que existe uma grande diferença entre intimidade e proximidade. Como mencionei, um líder não precisa necessariamente ser íntimo das pessoas, mas é muito importante que esteja próximo delas, que demonstre interesse genuíno por elas, que busque ouvir suas ideias, sugestões e inquietações; que conheça suas reais necessidades e, dentro do possível, trabalhe para atendê-las, já que elas estão diariamente em contato com os clientes internos e externos, com os problemas e os desafios do dia a dia, e, no final, são elas que fazem as coisas acontecer e constroem os resultados da sua área e da organização.

Um líder não precisa necessariamente ser íntimo das pessoas, mas é muito importante que esteja próximo delas, que demonstre interesse genuíno por elas.

Existem importantes diferenças entre intimidade e proximidade, mas, no contexto em que estamos conversando, a mais relevante é que, ao contrário do que acontece na proximidade, a intimidade nasce da sensação natural de afinidade que temos em relação à outra pessoa, algo que acontece como resultado de uma sintonia de pensamentos, preferências e gostos. A afinidade não exige nenhum esforço para acontecer; ela simplesmente acontece e, ao se intensificar, leva à intimidade. Quando a afinidade não acontece, a tendência é que haja indiferença. É por isso que o ser humano, ainda que inconscientemente, tende a estar mais próximo de pessoas parecidas com ele.

Estar próximo de pessoas com quem temos afinidade, portanto, é fácil e natural; contudo, nem todos despertam esse sentimento em nós.

E é aqui que começam as dificuldades em relação à proximidade, pois, quando não existe afinidade, a proximidade exigirá um grande esforço consciente.

Enfim, indo direto ao ponto, o fato é que não existe a menor possibilidade de construirmos bons relacionamentos, de estabelecermos relações de confiança, sem que exista uma profunda e consciente disposição de estar próximo das pessoas, ainda que o desejo natural seja o contrário. E isso se aplica principalmente à liderança porque, em sua jornada, o líder nem sempre irá conviver com pessoas com as quais tem afinidade, assim como também encontrará pessoas de que nem sequer desejaria estar perto.

Alguns podem até pensar: "Mas se eu sou o líder e não quero estar perto de alguém, ou não gosto de uma pessoa, posso simplesmente retirá-la do meu convívio; posso demiti-la ou transferi-la para outra área". Bem, talvez esta seja a escolha mais fácil e conveniente, mas sinceramente duvido de que seja a melhor solução. Afinal, seu papel como líder não é buscar o melhor apenas para você, mas também, e principalmente, para as pessoas que lidera, gostando ou não delas, tendo ou não afinidade com elas.

.... • ....

Um homem fazia parte de um grupo de estudos e, sem qualquer aviso, desapareceu. Sentindo sua falta, o líder do grupo decidiu visitá-lo. Era uma noite muito fria, e o líder encontrou-o em sua casa, sozinho, sentado diante da lareira. Eles se cumprimentaram e o líder também se sentou em frente à lareira. Ambos ficaram em silêncio admirando a dança das chamas.

Minutos mais tarde, o líder movimentou as brasas e, cuidadosamente, escolheu uma delas, a mais incandescente de todas, e empurrou-a para fora do fogo. O anfitrião, quieto, apenas prestava atenção a tudo. Em pouco tempo, a chama da brasa solitária diminuiu até que se apagou por completo.

O líder então movimentou novamente o mesmo pedaço de carvão frio e inútil, colocando-o de volta no meio do fogo. Quase que imediatamente o carvão voltou a brilhar com uma nova chama, alimentado pela luz e pelo calor dos outros carvões em brasa ao seu redor.

O líder então se levantou para ir embora e despediu-se do anfitrião, que lhe disse:

– Muito obrigado por sua visita e pela conversa transformadora!

.... • ....

O que vou falar agora talvez não seja muito natural, principalmente no mundo corporativo, mas é importante. Você pode até achar que sou romântico demais para os dias de hoje, mas, por favor, resista à tentação de torcer o nariz e continue lendo os próximos parágrafos. Se, ao final da conversa, isto não servir para você, simplesmente ignore.

Para que a proximidade se estabeleça, é preciso incluir uma pitada de amor em sua liderança. Por isso, concordo plenamente com Vince Lombardi, treinador de futebol americano, quando diz: "Não tenho necessariamente que gostar de meus jogadores, mas como líder devo amá-los. O amor é lealdade, o amor é trabalho de equipe, o amor respeita a dignidade e a individualidade. Essa é a força de qualquer organização".[4] Ao falar de amor, é quase certo que os primeiros pensamentos nos levem ao amor afetivo e romântico e, consequentemente, às pessoas pelas quais alimentamos esse nobre sentimento. Isso é algo maravilhoso, mas não é sobre essa espécie de amor que quero falar. É certo que amar com sentimentos também faz parte da liderança, mas essa não é a principal maneira de exercê-lo. Quando amamos com sentimentos, não precisamos nos esforçar para servir e buscar o bem-estar das pessoas, já que tudo flui naturalmente, como consequência do sentimento que temos por elas. Em nosso cotidiano, contudo, iremos conviver com pessoas que nem sempre serão capazes de despertar

> "Não tenho necessariamente que gostar de meus jogadores, mas como líder devo amá-los. O amor é lealdade, o amor é trabalho de equipe, o amor respeita a dignidade e a individualidade. Essa é a força de qualquer organização.",
> **Vince Lombardi.**

esse nobre sentimento em nós e, nesses casos, como líderes, precisaremos buscar outra maneira de amar.

Nos dicionários, o amor é definido como grande afeição, carinho, desejo, caridade, entre vários outros significados. Contudo, se recorrermos às linguagens mais primitivas, perceberemos que o significado da palavra amor é muito mais amplo e profundo. E, entre todos os significados de amor, o mais poderoso, aquele que busca incansavelmente a proximidade, e que precisamos urgentemente trazer para a nossa liderança, chama-se amor ágape, o amor incondicional, compreensivo e espontâneo, que nada espera em troca. O amor sobre o qual Jesus, o maior líder que o mundo já conheceu, falou e praticou. Um amor que se traduz em comportamentos e escolhas, não apenas em sentimento. Na liderança, o amor não nasce necessariamente do sentimento natural, mas da decisão de amar as pessoas, independentemente do que sentimos por elas. Por isso, para o verdadeiro líder, o amor é uma atitude que traduz e reproduz o seu verdadeiro interesse pela vida das pessoas, demonstrando que o amor é, na verdade, o que o próprio amor faz. Amar é um verbo, e não um sentimento apenas.

Na liderança, o amor não nasce necessariamente do sentimento natural, mas da decisão de amar as pessoas, independentemente do que sentimos por elas.

Mas como utilizar o amor para criar proximidade com as pessoas? Demonstrando-o por meio de atitudes simples, como encontrar um pouco mais de tempo para conhecê-las, ouvi-las e tratá-las com o devido respeito e importância, trabalhando no sentido de aumentar a confiança e diminuir o controle, servindo-as, ajudando-as, influenciando-as para o bem e buscando atender suas reais necessidades. São atitudes simples que transformam um possível sentimento de rejeição em um genuíno interesse por ajudar alguém que, como você e eu, pode melhorar em muitas áreas, mas precisa de seu auxílio, porque, apesar de ninguém mudar ninguém, ninguém muda sozinho.

Por isso, você pode não ter afinidade ou até mesmo não gostar de alguém que está sob sua liderança, mas precisa estar próximo dele, servindo-o e cuidando do seu desenvolvimento e bem-estar. Portanto, se realmente deseja estar próximo das pessoas, e criar com elas verdadeiras relações de confiança, é preciso também que esteja disposto a assumir o compromisso de amá-las, porque como você já sabe, em liderança, atitudes falam mais alto do que palavras, e, se suas atitudes não demonstrarem amor, suas palavras não serão ouvidas.

Espero ter valido a pena para você chegar até este parágrafo. Desejo do mais profundo da minha alma que minhas palavras tenham atingido o seu coração e que o amor ágape, mais do que nunca, faça parte da sua jornada de liderança. Nos próximos temas, conversaremos sobre atitudes e ações práticas que criam proximidade e reforçam as relações de confiança na dimensão da confiança interpessoal. Contudo, antes de chegarmos lá, quero oferecer a você uma das mais simples e poderosas ferramentas de construção de proximidade e relações de confiança que utilizo, sempre com resultados incríveis, nos trabalhos que conduzo com as mais diferentes organizações, dentro e fora do Brasil.

Talvez você já conheça, mas ela se chama "linha do tempo". Como disse, é bem simples, mas poderosíssima. Basta que você e a outra pessoa, ou pessoas, tenham em mãos uma folha de papel e uma caneta. Coloque a folha na posição horizontal, modo paisagem, e trace duas linhas também horizontais, uma em cada metade da folha. Em seguida, cada pessoa terá por volta de quinze minutos para marcar na linha superior os principais eventos de sua vida pessoal, desde seu nascimento. E, na linha inferior, os momentos mais marcantes de sua vida profissional. Quando todos terminarem de preencher a própria folha, cada um deve compartilhar sua história com os outros participantes. A atividade é simples, mas o resultado é precioso; as pessoas se aproximam e se conectam de uma maneira quase que inexplicável; só experimentando para saber.

Quando falo sobre a linha do tempo, sempre lembro de um team building que conduzi com cerca de quarenta profissionais de Recursos

Humanos de uma organização. No primeiro dia do evento, percebi que a diretora não era muito próxima de sua equipe e tive a confirmação disso à noite, quando, durante o jantar, ninguém se sentou ao lado dela na grande mesa em que estávamos. No dia seguinte, logo pela manhã, decidi fazer o exercício da linha do tempo com todos, mas, como era muita gente, depois que todos escreveram sua história, separei os participantes em grupos de cinco pessoas para compartilharem suas histórias. Pedi à diretora que escrevesse sua história, mas que esperasse para compartilhá-la com todos no final, e foi o que aconteceu.

É até difícil descrever aquele momento, de tão especial. Ela compartilhou coisas da sua vida que ninguém conhecia ou imaginava, e, quando a atividade terminou, as pessoas, uma a uma, foram até ela para abraçá-la. Aqui quero lembrá-lo de algo muito importante, sobre o qual conversamos na dimensão da autoconfiança: a vulnerabilidade, a coragem de ser vulnerável, principalmente quando falamos de proximidade, porque foi exatamente o que aconteceu nessa situação. Ela decidiu apenas demonstrar vulnerabilidade, tirar a capa de super-heroína, derrubar os muros que havia colocado à sua volta e mostrar-se como ser humano. Um mês mais tarde, tivemos um novo encontro, e a energia, o clima, o nível de confiança e os resultados da equipe eram completamente diferentes. Eles estavam transformados, e o relacionamento da diretora com sua equipe tinha dado uma guinada de 180°.

Antes de fechar a nossa conversa sobre proximidade, quero deixar algumas dicas práticas que podem ajudá-lo no dia a dia:

- **Trate as pessoas pelo nome:** simples e ao mesmo tempo poderoso. É uma demonstração de que você se importa com ela. Se ainda não sabe o nome de seus colaboradores, aprenda.
- **Aproxime-se dos remotos:** o fato de algumas pessoas de sua equipe trabalharem remotamente, ou em *home office*, não é justificativa para que você não esteja "próximo" delas. Use os recursos de tecnologia, faça videoconferências com elas, ligue

para perguntar se está tudo bem, se precisam de algo. Deixe-as saber que você se importa com elas.

- **Perceba quem está voltando:** se algum colaborador está retornando de férias ou de um período de afastamento por motivo de saúde, procure-o assim que ele retornar ao trabalho e converse com ele. Essa é uma demonstração de interesse que faz toda a diferença na vida das pessoas.
- **Surpreenda as pessoas:** uma das maneiras mais simples e poderosas de criar proximidade é surpreendendo as pessoas com um gesto de atenção de sua parte, como um bilhete de agradecimento por algo que elas tenham feito. Deixe o bilhete quando elas estiverem fora de seu posto de trabalho para que a surpresa seja maior. Existem outras maneiras de surpreendê-las, use a criatividade.

Muito bem, agora que você já conhece o poder da proximidade, do amor ágape e da vulnerabilidade, pratique-os sem moderação!

Interesse genuíno

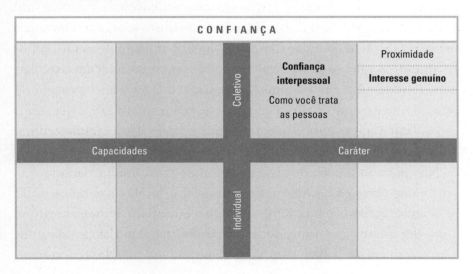

Imagine a relação com as pessoas como uma conta-corrente emocional em que a moeda de troca se chama "significância". Assim, em sua relação com seus liderados você pode depositar "significância", sacar "significância" ou simplesmente demonstrar "insignificância", ignorando-as. Qual dessas opções é a mais frequente em sua liderança?

Existe uma grande diferença entre demonstrar interesse genuíno pelas pessoas e seu desenvolvimento e manifestar interesse apenas pelo que elas podem nos proporcionar ou pelos resultados que são capazes de entregar. Quando você busca proximidade, alinha expectativas, honra seus compromissos, dá feedbacks sinceros e respeitosos, ouve o que seus funcionários têm a dizer, empodera-os, demonstra confiar neles, dedica tempo para desenvolvê-los e escutá-los, pede desculpas quando necessário e age com amor, caráter e integridade, não tenha dúvida de que está fazendo preciosos "depósitos de significância" na vida de seus liderados e, consequentemente, fortalecendo a confiança entre vocês e melhorando os resultados.

Porém, se seu interesse está prioritariamente dirigido aos resultados que as pessoas apresentam, fazendo com que você naturalmente se aproxime mais daqueles que entregam os melhores resultados e menos dos que "deixam a desejar", não tenha dúvida de que está fazendo saques de "significância" na vida desses últimos e transmitindo aos primeiros a mensagem de que, para você, o mais importante são os resultados, e que, se em algum momento, por qualquer motivo, eles deixarem de entregar, certamente passarão a fazer parte do segundo grupo. Não precisa ser um gênio da matemática para saber que, se os saques são maiores do que os depósitos, o saldo dessa conta-corrente emocional será negativo.

Nas páginas anteriores, já conversamos sobre muito daquilo que você pode fazer como líder para demonstrar interesse genuíno pelas pessoas. Contudo, ainda existem outras iniciativas importantes que aumentam seus "depósitos de significância" na vida das pessoas; por isso, quero compartilhar com você algo que pode ajudá-lo a aumentar a probabilidade de demonstrar interesse genuíno por todos, e não apenas pelos que entregam. Para isso, quero que pense em uma pessoa em quem deposita uma alta expectativa. Pensou? Agora, analise os comportamentos que você apresenta com ela: como é a sua interação em termos de dedicação de tempo, atenção, proximidade, paciência e tolerância a erros? Se possível, faça anotações para não esquecer.

Agora, pense em uma pessoa de quem espera menos. Como você interage com ela, considerando os mesmos pontos abordados anteriormente? Compare suas anotações.

Você dedica a ambas a mesma quantidade de tempo? O seu nível de atenção e proximidade é o mesmo nos dois casos? Com qual das duas você demonstra mais paciência? Quando a primeira pessoa lhe pergunta algo, o que você faz? E se a pergunta for feita pela segunda pessoa, você age da mesma maneira? E, finalmente, qual é o seu nível de tolerância aos erros que elas cometem? O mesmo?

Se você não está fora da "curva de normalidade", é provável que dedique mais tempo e atenção, que tenha maior proximidade e paciência, e que seja mais tolerante com os erros daquela pessoa por quem tem uma expectativa maior. Isso se deve a um motivo, mais do que tudo, fisiológico, algo que os especialistas chamam de "viés inconsciente", que aparece em nossa mente em 1/20 de segundo; portanto, não pode ser evitado, e se alia a uma outra característica cerebral, que é a comparação.

Considerando então que é impossível evitar o viés inconsciente e que o cérebro é comparativo, todos nós temos a tendência de simplesmente agir de acordo com aquilo em que acreditamos, ainda que não tenhamos consciência do que seja isso. Parece estranho, mas é assim que acontece. Quando, por qualquer motivo, elevamos a expectativa em relação a alguém, inconscientemente "rotulamos" aquela pessoa com uma etiqueta com os dizeres: "Esse vai dar certo!". É o mesmo processo com quem nos desperta uma baixa expectativa; nesse caso, a etiqueta diz: "Esse não vai dar certo!". E, baseados em nossas "verdades" inconscientes, agimos para confirmá-las, porque, depois de um tempo dedicando à primeira pessoa mais atenção, proximidade e paciência, ela acaba dando certo. O mesmo acontece com a outra pessoa, aquela em quem não botamos fé, só que de maneira contrária.

.... • ....

Em uma reunião da Associação de Pais e Mestres, uma mãe entusiasmada se aproximou do professor e perguntou:
– Como o Johnny está indo?
O professor imaginou que a mãe do Johnny que tirava notas baixas não faria esse tipo de pergunta, e decidiu descrever efusivamente um outro Johnny, que tirava notas altas.
Na manhã seguinte, Johnny aproximou-se do professor e disse:
– Obrigado pelo que o senhor disse sobre mim à minha mãe. Quero que saiba que me esforçarei para tornar realidade as suas palavras.
Ao final daquele ano, Johnny já fazia parte da lista de melhores alunos da escola.[5]

.... • ....

É isso mesmo! Talvez não seja agradável de ouvir, mas você é o provável causador daquilo que chamamos de profecia autorrealizável. Quando temos boas expectativas em relação às pessoas e deixamos que elas saibam disso através não apenas de palavras, mas principalmente de nossos comportamentos e atitudes, elas tendem a corresponder a essas expectativas entregando resultados melhores. É por isso que demonstrar um interesse genuíno pelas pessoas também inclui o cuidado especial de não se deixar capturar pelo viés inconsciente, porque, se permanecermos sob essa influência, certamente seremos injustos e comprometeremos a construção de relações de confiança.

O conceito de profecia autorrealizável faz parte de um estudo muito sério chamado "Efeito Pigmaleão", nome utilizado pela psicologia para demonstrar o impacto de nossas expectativas na maneira como nos relacionamos com a realidade. Sob esse efeito, buscamos realinhar a realidade para que atenda às nossas expectativas em relação a ela. Esse estudo foi desenvolvido por Robert Rosenthal e Lenore Jacobson,[6] renomados psicólogos americanos, que inicialmente conduziram estudos sobre como as expectativas dos professores afetavam o desempenho dos alunos. Os resultados demonstraram que professores com uma visão positiva dos alunos tendiam a estimular o lado bom dos estudantes, levando-os a obter resultados melhores; inversamente, professores que não demonstravam um interesse genuíno adotavam posturas que acabavam por comprometer negativamente o desempenho dos alunos. Como disse Henry Ford, "se você pensa que pode ou se pensa que não pode, de qualquer forma você está certo".[7] Porque, no final das contas, são as suas ações, baseadas naquilo em que você acredita, que determinam os resultados.

> Quando temos boas expectativas em relação às pessoas e deixamos que elas saibam disso através não apenas de palavras, mas principalmente de nossos comportamentos e atitudes, elas tendem a corresponder a essas expectativas entregando resultados melhores.

Talvez você esteja pensando: "Mas quem garante que, se eu demonstrar um interesse genuíno pela pessoa sobre a qual não tenho boas expectativas, ela conseguirá atingir os mesmos resultados que os outros?". De fato, ninguém pode garantir isso; aliás, os próprios estudos demonstram que nem sempre esse segundo grupo consegue chegar ao mesmo nível de entregas do primeiro. Um exemplo que demonstra isso é o que aconteceu numa seguradora na qual o diretor observou que as melhores agências de seguros cresciam mais rapidamente do que as agências com resultados medianos ou ruins, e que os novos corretores se saíam melhor nas agências excepcionais do que nas medianas. Ao perceber esse fato, ele resolveu criar grupos de corretores em sua agência de acordo com a competência dos funcionários. Para o primeiro grupo, destacou seus seis melhores corretores e o melhor gerente; para o segundo grupo, enviou um gerente mediano e corretores medianos, e finalmente, no terceiro grupo, deixou o gerente e os corretores com pior desempenho. Logo após a criação dos grupos, os membros da empresa passaram a chamar o grupo dos melhores corretores de "supertime", devido ao alto espírito da equipe para operar de modo excelente como unidade. Os resultados dessa equipe nas primeiras doze semanas superaram as expectativas mais otimistas, provando que grupos de pessoas com alta competência podem ser motivadas a ir além da sua capacidade produtiva normal. O grupo de corretores inferiores, por sua vez, acabou tendo um desempenho muito pior, com baixo faturamento e alto nível de evasão. Já a produtividade do grupo mediano cresceu consideravelmente porque o gerente desse grupo se recusou a acreditar que os corretores do supertime eram mais capacitados do que os seus, e constantemente dizia a seus corretores que eles eram melhores do que os do supertime, estimulando-os a ultrapassar o time de melhor desempenho. O resultado foi que o grupo mediano ultrapassou percentualmente o crescimento do supertime durante anos, embora não tenha alcançado o mesmo desempenho em volume.

Bem, qual é a conclusão, então, já que ninguém garante que o "grupo dos medianos" alcançará os "bons", ainda que eu dedique a ambos o mesmo nível de interesse? A conclusão é que, apesar de não haver essa garantia, quando você demonstra boas expectativas e um interesse genuíno de maneira equânime, todos, e não apenas os "bons", tendem a entregar melhores resultados. Portanto, considerando que é impossível evitar o viés inconsciente e um cérebro comparativo, podemos ao menos escolher aquilo que vamos comparar. Em vez de compararmos a pessoa A com a pessoa B, por que não comparar a pessoa A com ela mesma amanhã, e também a pessoa B com ela mesma amanhã? Esse tipo de comparação o aproxima das pessoas de maneira mais justa e o leva a demonstrar um interesse genuíno; você pode até se empenhar em desenvolver as pessoas porque se interessa genuinamente por elas, e não pelos resultados que elas podem vir a entregar.

Você já deve ter percebido que proximidade e interesse genuíno se complementam, e até mesmo se confundem, porque são como uma porta com duas fechaduras que só abre quando as duas são destravadas, assim como o coração das pessoas, quando você cultiva a proximidade e o interesse genuíno pela vida delas.

E agora vamos à empatia, nosso próximo tema.

Empatia

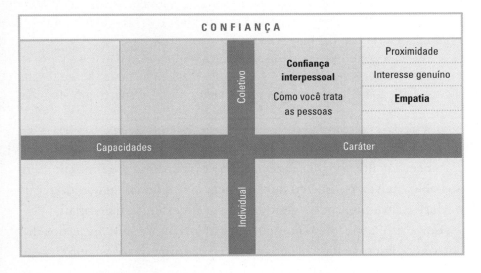

No final da noite, Mark foi surpreendido pela ligação de sua filha informando que seu neto, de apenas 3 anos, que morava em Denver, havia sofrido um grave acidente e que tinha poucas chances de sobreviver.

Mark, que estava em Los Angeles, imediatamente comprou uma passagem no primeiro voo para Denver pela Southwest Airlines. Embora estivesse no aeroporto com duas horas de antecedência, teve dificuldade para conseguir chegar a tempo ao portão de embarque, pois o aeroporto estava tumultuado.

A cada passo do trajeto, a ponto de romper em choro, ele buscava ajuda, tanto dos funcionários do aeroporto quanto dos agentes da Southwest, para conseguir embarcar, e todos foram muito atenciosos.

Já atrasado, depois de passar pela segurança, Mark agarrou a mochila, os sapatos e o cinto e correu em direção ao portão de embarque só de meias.

Chegando lá, o piloto do avião e um agente da Southwest o esperavam, e assim que o viram disseram:

– Você é o Mark? Nós seguramos o avião para você e sentimos muito pelo seu neto. Torcemos por sua recuperação.

Enquanto caminhava até o avião ao lado do piloto, Mark disse:

– Não tenho como lhe agradecer por isso. Sei que 12 minutos significam muito para uma companhia aérea.

– Eles não poderiam ir a parte alguma sem mim, e eu não iria a parte alguma sem você. A vida de seu neto é muito mais importante. Agora relaxe. Vamos levá-lo até lá. E, novamente, lamento muito. Espero que ele fique bem – respondeu o piloto.[8]

.... • ....

Sinceramente, todas as vezes que leio essa história, lágrimas me vêm aos olhos, talvez porque eu também seja avô, e fico imaginando o que o Mark estava passando e sentindo. Essa é a essência da empatia.

Empatia é algo muito comentado em artigos de liderança, nos discursos dos líderes e nas conversas dentro das organizações, porém poucas pessoas conseguem dimensionar o poder dela. Aliás, poucos sabem o que ela significa de verdade, a força que tem para transformar os resultados de uma liderança, e seu impacto na vida das pessoas e no ambiente.

Comumente, "empatia" é definida como a capacidade de se colocar no lugar do outro e conseguir compreender como o outro pensa, sente e age, mesmo que não esteja de acordo com ele. Eu concordo com essa definição, mas também acredito que empatia vai além de apenas reconhecer que o outro é outro, alguém diferente de mim, e então tentar compreender seus sentimentos e atitudes; a empatia é altruísta e, portanto, precisa buscar fazer algo pelo bem do outro, caso contrário, não fará sentido. É como o amor, sobre o qual conversamos há pouco: se amamos alguém, mas não fazemos nada por essa pessoa, esse amor, de fato, não é nada. Então, assim como só se torna amor de verdade quando se converte em atitude, também a empatia só tem sentido se fizer algo por alguém.

Vale lembrar que empatia e simpatia são coisas diferentes. A simpatia tenta dar às pessoas aquilo que elas querem; já a empatia busca dar às pessoas aquilo de que elas precisam, e muitas vezes nem sabem que precisam. Por isso, não confunda liderança simpática com liderança empática. De fato, as duas são complementares e convivem muito bem. Contudo, se tiver que escolher uma delas, escolha a liderança empática, porque só assim estará de fato próximo das pessoas, demonstrará um interesse genuíno por elas, tentará compreender o que elas sentem e fazem, e fará alguma coisa por elas.

.... ● ....

Ryan Hreljac, com apenas 6 anos, assistia a uma aula em sua escola em Kemptville, Canadá, quando a professora disse que milhares de crianças africanas tinham que andar vários quilômetros por dia para conseguir um pouco de água suja, escura e contaminada para beber, e por isso ficavam doentes ou morriam.

Ryan se comoveu com a história, pois tinha água limpa na hora que quisesse, sem nenhum esforço, bastava abrir a torneira. O garotinho, então, perguntou para a professora qual montante de dinheiro era necessário para levar água para as crianças africanas, e ela, que conhecia o trabalho da ONG WaterCan, que perfurava poços na África, disse que um poço pequeno deveria custar cerca de 70 dólares.

Ryan chegou em casa e disse para sua mãe, Susan, que precisava de 70 dólares para construir um poço para as crianças da África. Ela não lhe deu o dinheiro de imediato e disse que ele teria que fazer tarefas domésticas para poder arrecadar esse valor. Ryan então trabalhou durante quatro meses para conseguir o dinheiro. Ele e sua mãe foram até a WaterCan, onde receberam a informação de que somente a bomba manual custava 70 dólares; para a perfuração do poço seriam necessários 2 mil dólares.

Eles não tinham esse dinheiro, mas Ryan falou que voltaria em breve.

Sua energia e determinação animaram e movimentaram vizinhos, irmãos e amigos. Todos se propuseram a trabalhar, vender produtos e conseguir doações. Em pouco tempo, conseguiram arrecadar 700 dólares, e a WaterCan decidiu completar com o restante do valor.

Em 1999, o tão almejado poço foi construído na Angolo Primary School, em Uganda, beneficiando milhares de pessoas com água potável. E a história não termina aí. A Ryan's Well Foundation, criada em 2001, já ajudou a construir mais de 1.429 poços e 1.255 latrinas, levando água potável e serviços de saneamento básico para mais de 900 mil pessoas. Ryan é reconhecido pela Unicef como líder global da juventude e continua dedicado e empolgado com seu trabalho na Fundação, dando palestras em vários países, escolas, igrejas, clubes, eventos e conferências, sempre falando de forma apaixonada sobre a necessidade de água limpa em todo o mundo.[9]

Empatia não é apenas ter consciência do que os outros estão passando, mas é um movimento interior que provoca atitudes de amor, altruísmo e compaixão por essas pessoas. Por isso, a empatia é uma das principais competências de um grande líder, porque o ajuda no esforço de compreender as pessoas, de tentar enxergar com os olhos delas, de "calçar seus sapatos", para ser capaz de compreendê-las melhor e servi-las em suas reais necessidades.

Segundo o Greater Good Science Center (Centro de Ciência para o Bem Maior), de Berkeley, as chaves para o desenvolvimento da empatia estão na curiosidade e na escuta ativa.[10] A curiosidade começa quando demonstramos interesse pelo que o outro tem a dizer, quando buscamos aprender mais a respeito de suas perspectivas e pontos de vista. Ao fazermos perguntas, manifestamos nossa disposição em nos colocarmos no lugar do outro para conhecer sua opinião, gerando assim mais empatia e engajamento. Além disso, quando faz mais perguntas, você:

- Demonstra respeito e confiança ao acreditar que as pessoas podem ter respostas tão boas ou melhores que a sua.

- Instiga o pensamento criativo.
- Se surpreende com a criatividade das pessoas em buscar soluções para as mais diversas questões, e isso o faz confiar mais nelas.
- Aumenta o nível de motivação e engajamento das pessoas, já que elas se comprometem muito mais com aquilo que ajudam a criar.
- Demonstra empatia ao se interessar em saber o que elas pensam sobre o assunto.
- Forma sucessores, porque, ao criar o hábito de perguntar, você leva as pessoas a refletir sobre os temas antes de o procurarem para conversar, já que sabem como você lida com essas situações. E o mais incrível é que muitas vezes, ao refletirem, encontrarão as melhores soluções sem precisar falar com você.

E uma vez que as perguntas façam parte do seu contexto de liderança, entra em cena a escuta, não apenas uma escuta que só ouve palavras, mas também que percebe os sentimentos por trás delas: uma escuta empática. Quando falo sobre escuta em meus trabalhos com líderes e coaches e pergunto o que eles percebem de diferente quando se sentem ouvidos, em geral as respostas mencionam coisas como olhos nos olhos, exploração de detalhes, perguntas, postura interessada, ausência de julgamento, respeito ao silêncio, sem distrações (com celular e computador), sem tentativas de completar a frase de quem fala, sem interrupções. Todos esses pontos são muito importantes numa escuta. Por isso, reflita se precisa melhorar em algum deles e faça sua parte.

Em termos de escuta, existem várias teorias, mas eu prefiro acreditar que escutamos em três diferentes níveis: a escuta hipócrita, a escuta ativa e a escuta empática, esta última, a mais poderosa de todas. O nível da escuta hipócrita, como o próprio nome esclarece, é falso, e também é conhecido como nível "sala de reunião": você escuta com a sua verdade, julgando o que está sendo dito e esperando ansiosamente o momento de falar, porque, se não disser nada, será visto como incompetente.

A escuta ativa acontece quando você escuta considerando também a verdade do outro, sem julgamento, respeitando o silêncio e ouvindo mais do que falando. É um nível de escuta muito importante na liderança e na construção de confiança; contudo, ainda não é o mais poderoso. Esse título fica com a escuta empática, que, além de incorporar a escuta ativa, inclui a disposição para perceber a situação como o outro a percebe; há atenção não só ao que está sendo dito, mas também ao que está sendo expresso por meio da linguagem corporal, da energia e das emoções da outra pessoa, e a observação de crenças que possam aparecer no meio da conversa. Escutar empaticamente é algo que não acontece maneira natural: é preciso foco, disciplina e treino; portanto, busque praticá-la em seu dia a dia como líder e com o tempo, sem perceber, a terá incorporado às suas conversas.

Na escuta empática há atenção não só ao que está sendo dito, mas também ao que está sendo expresso por meio da linguagem corporal, da energia e das emoções da outra pessoa.

• ● •

Certa noite, eu queria muito concluir a leitura de um livro policial. Achei que soubesse quem era o assassino, mas estava ansioso para confirmar minha suspeita. A certa altura, coloquei o livro na mesa de cabeceira e me levantei para ir ao banheiro. Minha esposa escovava o cabelo e, quando passei por trás dela, vi no espelho sua imagem refletida, e ela me parecia triste.

Naquele momento, eu precisava fazer uma escolha importante: sair daquele banheiro para terminar meu livro ou descobrir o que estava deixando minha esposa triste. Felizmente escolhi a segunda opção. Decidi ir até ela, segurei a escova que estava em suas mãos e perguntei: "O que está acontecendo, querida?". E então dediquei a ela toda a minha atenção, ela me contou o motivo de sua tristeza, e eu a escutei empaticamente. Naquele exato momento, eu estava construindo confiança.[11]

• ● •

Quantas vezes você já viu alguém de sua equipe chegando ao trabalho de um jeito um pouco diferente do normal? Triste, calado, pensativo. E dessas, quantas vezes você, ao perceber que algo estava errado, chamou essa pessoa para conversar e a escutou? Essas são as principais "janelas de oportunidade" que um líder pode aproveitar para demonstrar empatia pelas pessoas. Não deixe de aproveitá-las, lembre-se de que tem gente por trás do crachá!

A empatia é uma das principais características de líderes emocionalmente inteligentes, tanto que, no livro *O poder da inteligência emocional*, Daniel Goleman fala sobre dois tipos de líderes: o ressonante e o dissonante. Líderes dissonantes são emocionalmente distantes de sua equipe, não se importam com as emoções das pessoas, lideram na base do medo, utilizam apenas motivadores extrínsecos, como dinheiro, para motivar as pessoas e, em consequência, produzem angústia, medo e desconfiança na equipe. Já os líderes ressonantes são os que têm como principal característica a empatia; buscam engajar as pessoas por meio de motivadores intrínsecos, como propósito e garra; inspiram as pessoas pelo interesse e por um cuidado genuíno com elas, gerando um ambiente de confiança.

Os líderes ressonantes são os que têm como principal característica a empatia; buscam engajar as pessoas por meio de motivadores intrínsecos, como propósito e garra; inspiram as pessoas pelo interesse e por um cuidado genuíno com elas, gerando um ambiente de confiança.

E assim chegamos ao final da nossa conversa sobre empatia. Espero que eu tenha conseguido demonstrar a importância da empatia na construção de relações de confiança e inspirado você a realizar todo o potencial *"homo empathicus"* que existe dentro de você!

Agora, fecharemos nossa conversa sobre a dimensão da confiança interpessoal com a equidade. Espero que seja uma leitura agradável. Vamos em frente.

Equidade

	CONFIANÇA	
Coletivo	**Confiança interpessoal** Como você trata as pessoas	Proximidade Interesse genuíno Empatia **Equidade**
Capacidades		Caráter
Individual		

Tratar as pessoas de forma justa, com equidade, não é o mesmo que tratá-las da mesma maneira. Ainda que tenham o mesmo papel e façam a mesma coisa, nenhum colaborador é igual ao outro. O que é igual nem sempre é justo.

Figura 6.1 Igualdade × Equidade

A imagem que acabamos de ver expressa nitidamente a principal diferença entre tratar todas as pessoas do mesmo jeito e fazê-lo com equidade e justiça. No quadro da esquerda todos são tratados da mesma maneira; os caixotes foram distribuídos igualitariamente, o que, a princípio pode parecer justo, já que todos receberam o mesmo modelo de caixote. Contudo, como as características de cada pessoa não foram levadas em consideração, a equidade ficou fora dessa equação. Já no quadro da direita, note que cada um recebeu um modelo diferente de caixote para que todos pudessem alcançar a mesma altura, o que tornou o resultado mais justo e equânime.

Equidade, portanto, é a desigualdade aplicada aos desiguais para que eles possam ter igualdade de oportunidades, porque é assim que sentimos a justiça em nosso espírito. Tratar as pessoas com equidade ajuda a criar um ambiente com diversidade, sem discriminação de nenhum tipo, incluindo gênero, identidade de gênero, crenças, tribo, religião, habilidades físicas, orientação sexual, peso ou qualquer outra característica pessoal. Olhar as pessoas pela lente da equidade nos permite enxergar o que elas têm de bom, permitindo que tragam suas melhores contribuições para a equipe, para a organização e para os resultados.

Nada é mais desigual do que tentar tratar com igualdade pessoas diferentes. Por isso, é imprescindível que, como líderes, nos conscientizemos de que o melhor estilo de liderança é aquele de que cada pessoa necessita. Quem tem filhos consegue perceber isso rapidamente; cada fase da vida deles demanda recursos diferentes. A mamadeira já não serve para o adolescente, assim como a bicicleta não tem utilidade para o recém-nascido. E, quando temos filhos em idades diferentes, algo que funcionou para um na mesma fase pode não funcionar para o outro.

Como líder, o primeiro passo para que as relações de confiança recebam o reforço precioso da equidade é fomentar e incentivar a diversidade, considerando que todos merecem respeito e igualdade de oportunidades; afinal, se duas pessoas numa equipe pensam exatamente do mesmo jeito, uma delas é desnecessária.

E, como pessoas de bem, você e eu provavelmente pensamos que jamais discriminaríamos outro ser humano, certo? Errado! Infelizmente todos nós discriminamos porque nossos vieses inconscientes, que fazem parte do funcionamento natural do cérebro e acontecem em uma fração de segundo, nos levam a julgar as pessoas e as situações com base em nossos padrões inconscientes. Sem que percebamos, esses vieses impossíveis de evitar, podem nos levar a favorecer alguns e, consequentemente, a prejudicar outros.

Se é assim, o que fazer com os vieses? Se não podemos evitá-los, o que nos resta é torná-los conscientes e, a cada nova "historinha" que contarmos para nós mesmos sobre algo ou alguém, nos perguntar: "Isso é realmente verdade ou é coisa da minha cabeça?". Procure fatos concretos para sustentar a sua verdade, mas, se não os encontrar, jogue-a fora, descarte-a.

A diversidade é boa, as diferenças são positivas, e ninguém é melhor do que ninguém, apenas diferente. Em ambientes com diversidade, onde as ideias tendem a ser distintas, mais do que nunca é importante que as relações de confiança sejam fortalecidas, para que as pessoas tenham liberdade de serem quem são, para pensar de jeitos diferentes, para propor ideias ousadas, para questionar o *status quo* e produzir conflitos produtivos, capazes de gerar alto nível de energia, comprometimento e responsabilidade. Porque, quando falta confiança, conflitos se transformam em batalhas e os egos falam mais alto do que a razão. Para promover a equidade na diversidade, portanto, é muito importante que o líder:

- Crie um ambiente onde não haja discriminação de qualquer natureza; um lugar onde as diferenças sejam respeitadas e valorizadas, começando por seu próprio exemplo.

- Fomente o pensamento criativo e colaborativo, deixando claro que não existem "donos da verdade". Qualquer pessoa pode e deve participar das discussões e dos diálogos. Faça perguntas abertas e incentive a participação de todos: "Como resolveremos isso? Quais são as opções? E o que mais?".
- Incentive e reconheça novas ideias, ainda que não sejam possíveis de adotar no momento.
- Utilize o erro inédito como parte do processo de aprendizado e crescimento de todos. Se as pessoas não tiverem liberdade para tentar algo novo e errar, nunca tentarão.
- Forme equipes multifuncionais com pessoas de personalidade, talentos, experiências, conhecimentos e pensamentos diferentes, para que, juntas, busquem soluções inesperadas.

Além de promover a igualdade de oportunidades e o incentivo e o respeito à diversidade, a equidade também inclui o desenvolvimento de competências que ajudam o líder a tratar os diferentes como diferentes, e uma das melhores maneiras de fazer isso é conhecendo e aplicando o conceito de perfis comportamentais.

Entender os perfis comportamentais significa entender as pessoas. Você já percebeu que em situações absolutamente equivalentes as pessoas reagem de maneira diferente? Isso acontece porque cada uma tem suas preferências de comportamento, conectadas com seu tipo de perfil comportamental predominante. Há quatro perfis comportamentais, e todos nós temos os quatro, mas com combinações e intensidades diferentes, o que gera infinitas possibilidades. O modo mais produtivo de usar o conhecimento dos perfis comportamentais é na ampliação do autoconhecimento e do conhecimento do outro, o que torna a comunicação com as pessoas mais assertiva e facilita chegar ao melhor resultado para ambos os lados. Já a pior maneira de aplicar esse conceito é rotulando as pessoas.

O conceito de perfis comportamentais nasceu com William Moulton Marston, em 1928.[12] Em seu estudo, Marston descobriu que algumas pessoas têm um comportamento mais extrovertido e constantemente buscam coisas para fazer, mas nem sempre as terminam. Já em outro grupo, existem pessoas com um comportamento mais introvertido; essas não começam muitas coisas ao mesmo tempo e geralmente terminam aquilo que se dispõem a fazer. Ele também percebeu que alguns indivíduos tendem a colocar maior foco em tarefas, enquanto outros tem como principal foco as pessoas. Combinando essas características, Marston chegou aos quatro perfis comportamentais que, como mencionei, todos nós temos, porém com proporções e predominâncias diferentes. Vejamos quais são eles:

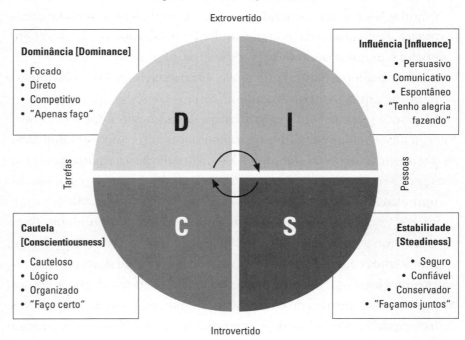

Figura 6.2 Perfis comportamentais

Fonte: adaptada de *As emoções das pessoas normais*, de William Marston.

Para identificar o perfil predominante, usamos a palavra "alto" na frente da letra que identifica o perfil correspondente, como "Alto I", que significa predominância do perfil Influência. A seguir, veja uma descrição resumida dos quatro perfis comportamentais:

Alto D: busca dirigir e dominar os ambientes que frequenta. É rápido, objetivo, decidido e direto. Fala o que pensa. É desafiador, competitivo e determinado. Para motivá-lo é preciso gerar oportunidades para competir (de forma saudável), obter resultados significativos e assumir maiores responsabilidades.

Alto I: busca interagir e verbalizar em todos os ambientes. É alegre, comunicativo, otimista e motivador. Confiante e desinibido, tem facilidade em persuadir os outros. É animado e sociável. Para motivá-lo, não meça oportunidades de reconhecimento social, congratulações e valorização pelos resultados apresentados. Adicionalmente, crie oportunidades para que esse profissional conheça gente nova, expandindo sua rede de contatos.

Alto S: paciente, calmo, tranquilo, ótimo ouvinte. Trabalha muito bem em equipe e busca construir um ambiente cooperativo. Acolhedor, atencioso, gentil e leal, busca segurança e estabilidade por meio do planejamento e de métodos de trabalho. Sente-se motivado por fazer parte de um ambiente de trabalho organizado, ameno e agradável. Permita que transmita seu conhecimento, participe da tomada de decisões e do direcionamento do negócio.

Alto C: analítico, lógico, preciso. Busca qualidade e excelência em tudo o que faz. Perfeccionista, foca nos detalhes com disciplina e precisão. É cauteloso, cuidadoso, discreto e formal em sua comunicação. Motiva-se por um ambiente com processos claros, onde os padrões e as normas de conduta são respeitados. Ofereça feedbacks indicando se o seu trabalho está sendo bem realizado ou se precisa de melhorias.

Lendo essas características, é bem provável que você já tenha identificado o seu próprio perfil comportamental predominante e o de algumas pessoas de sua equipe. Talvez não acerte de primeira, mas persista, e então busque adaptar-se na interação com cada um e na abordagem a eles. Por exemplo, se você vai dar um feedback para o "Alto D", faça-o de modo informal, sem muitos "rodeios", porque esse perfil gosta de conversas diretas e francas. Já se o feedback for para um "Alto C", este deverá ser um pouco mais formal, e certamente apresentar mais detalhes sobre o que aconteceu. Existe muito material disponível sobre o tema, portanto, busque aprofundar esse conhecimento ainda mais para que possa utilizá-lo como um instrumento de equidade. Isso legitima a sua liderança e reforça as relações de confiança.

A equidade deve ser considerada para todas as possíveis oportunidades em uma organização ou equipe. Meritocracia, premiações, promoções, reajustes salariais, feedbacks, conversas de desenvolvimento, enfim, quanto maior o histórico de equidade e justiça, mais fortes se tornam as relações de confiança.

Assim, chegamos ao final do capítulo sobre dimensão da confiança interpessoal, com muitas reflexões na bagagem. Falamos sobre o poder da proximidade e do interesse genuíno, sobre a força da empatia e fechamos com chave de ouro discutindo a importância de igualar as oportunidades ao tratar as pessoas como diferentes, praticando a equidade na liderança, porque, ao agir assim, reforçamos cada vez mais as relações de confiança. Conscientes de que somos seres sociais e, como tais, precisamos de gente para ser gente. Sigamos agora para a quarta e última dimensão da confiança: a **confiança realizacional**.

7
A dimensão da confiança realizacional

Os resultados importam, sim. Mas a maneira como são atingidos importam ainda mais

A JORNADA É MAIS IMPORTANTE QUE O DESTINO.

	CONFIANÇA	
Confiança realizacional O que você é capaz de realizar	Coletivo	
Capacidades		Caráter
	Individual	

A palavra "realizacional", apesar de um neologismo e de não constar em nosso vocabulário, é a que mais se aproxima do significado desta quarta dimensão. A **confiança realizacional** representa a capacidade de fazer as coisas acontecerem, de inspirar as pessoas pela competência, de mobilizar o seu entorno na busca de resultados extraordinários, de demonstrar apropriação, cooperação, comprometimento e engajamento, e de celebrar as conquistas com sua equipe. Enfim, fala sobre a sua capacidade de realização e entrega de resultados.

Uma característica importante da dimensão da confiança realizacional é que, entre todas as dimensões, ela é a única situacional, ou seja, depende do contexto ou da situação em que a pessoa se encontra. Se você estiver doente, certamente procurará um médico; assim como buscará um mecânico se tiver problemas com seu carro, porque cada um está capacitado para realizar coisas diferentes.

Então, considerando os diversos contextos e situações nos quais estamos envolvidos, se quisermos construir, reforçar ou restaurar as relações de confiança em cada um deles, é preciso que todas as dimensões estejam funcionando bem, incluindo a realizacional, pois ainda que sejamos mega-autoconfiantes, as pessoas mais honestas e íntegras do planeta, e uma referência em relacionamentos, se não demonstrarmos competência para entregar os resultados que são esperados de nós, a confiança fica comprometida. E isso se aplica tanto ao mundo corporativo e à liderança quanto ao casamento, às amizades; enfim, isso se aplica à vida.

Portanto, os resultados importam, sim, "porque, na teoria, a prática é outra". As pessoas não confiam em você apenas porque você tem um grande potencial; elas confiam porque você faz as coisas acontecerem. Pode ser que você tenha boas desculpas e justificativas para resultados medíocres, mas isso certamente afetará sua credibilidade, sua reputação e sua confiança. Parece muito frio, mas é assim que as coisas são. Isso tampouco quer dizer que resultados são a única coisa que importa; você pode até ser o melhor naquilo que faz, mas se o faz passando por cima das outras três dimensões da confiança, a credibilidade vai para a lama.

Basta ver os tristes exemplos de falta de honestidade, integridade e ética que vivenciamos em nosso país: pessoas capazes, inteligentes, formadas nas melhores universidades do mundo, mas que se deixaram seduzir pelo poder e pelo dinheiro. Elas podem até continuar sendo as melhores naquilo que fazem, mas agora encontram-se sem credibilidade e sem a confiança das pessoas.

Quando conversamos sobre integridade, mencionei rapidamente que, na definição de liderança que apresento no livro *Coração de líder*, faço questão de destacar este ponto. Permita-me trazê-la novamente aqui: "Liderança é a habilidade de influenciar e inspirar pessoas, servindo-as com amor, caráter e integridade, para que vivam com equilíbrio e trabalhem com entusiasmo em direção a **objetivos e resultados legítimos**, priorizando a formação de novos líderes e a construção de um futuro melhor".

.... • ....

Durante a temporada de 2002, Paul era o técnico de basquete do que chamava de "time dos sonhos". A equipe tinha o recorde de dez partidas invictas e estava a caminho de conquistar o primeiro campeonato estadual juvenil. Paul vivia o sonho de todo treinador.

Foi então que, certa noite, dezesseis de seus jogadores, todos menores de idade, foram presos por uso de bebida alcoólica durante uma festa, e neste grupo estava o próprio filho de Paul.

O treinador já havia alertado os atletas de que, caso fossem envolvidos em algum tipo de encrenca relacionada com álcool ou drogas, ele os suspenderia do time. E foi o que fez.

– Pode-se resumir a questão a uma palavra: responsabilidade. Vocês quebraram as regras e o compromisso que tinham assumido – comentou.

Enquanto tirava o filho da cadeia, disse ao jovem:

– Você cometeu um grande erro, é tudo o que eu posso dizer. Nunca deixarei de amá-lo, mas você precisa aprender alguma coisa com o que aconteceu.

No dia do grande jogo, os atletas suspensos vestiram o uniforme e se sentaram no banco apenas para incentivar os colegas que estavam no campo. O time reserva perdeu de 63 a 0.

.... • ....

Novamente, os resultados importam, sim! Mas não pode ser qualquer tipo de resultado; não basta que sejam bons ou extraordinários; eles precisam ser legítimos, porque aquilo que não é legítimo é falso, e falsidade não combina com confiança. De um jeito bem simples, é impossível que alguém confie em uma pessoa que entrega resultados ilegítimos, porque para isso ela certamente precisou enganar alguém, criando uma reputação que não oferece nenhuma possibilidade de produzir confiança. As pessoas podem até continuar convivendo com ela porque estão se beneficiando disso, mas dificilmente confiarão nela.

Por isso, na liderança, mais importante do que "o que fazemos" é "como fazemos" porque a jornada é mais importante do que o destino, e isso inclui o cuidado que você demonstra com as pessoas nessa jornada. Por isso, lembre-se também de que nada grande se realiza sozinho. Retome constantemente a visão de futuro que você e sua equipe construíram juntos. Reforce a identidade da organização e da sua área, a missão, os valores e os acordos de convivência. Faça planos junto com sua equipe e acompanhe, sem microgerenciamento, como as coisas evoluem.

Vamos então conversar sobre as características da dimensão da confiança realizacional que o ajudarão a promover a cooperação, o comprometimento e o engajamento ao seu redor. Faça as coisas acontecerem e conquiste resultados legítimos e extraordinários com as pessoas.

Competência

Competência tem a ver com realizar aquilo que se espera que você realize, tanto no contexto profissional quanto no pessoal. Para confiarem em você, as pessoas precisam acreditar que você é competente para entregar a tarefa que foi colocada em suas mãos, o que foi confiado a você.

Talvez você esteja pensando sobre competências técnicas, as *hard skills*, mas, apesar de elas serem importantes, não é sobre isso que quero conversar. Se o que se espera de você é mais competência técnica, esforce-se para ser o melhor no que faz. Contudo, em se tratando de liderança, quanto mais o tempo passa, a tendência é que cada vez menos você precise de competências técnicas e mais de competências de liderança, as *soft skills*, incluindo tudo o que conversamos até agora. E, considerando ainda que vivemos num mundo em constante mudança, as principais competências que, como líder, precisamos seguir aperfeiçoando são a disposição e a agilidade de aprender, o que os especialistas chamam de *learning agility*, que também é uma *soft skill*.

Figura 7.1 Habilidades técnicas x Habilidades de liderança

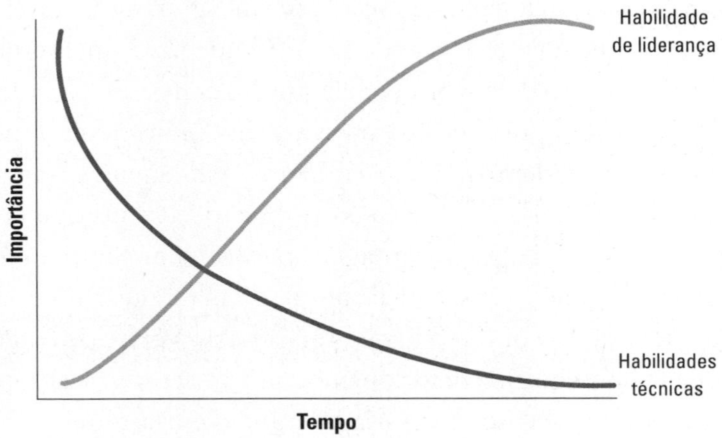

Fonte: elaborada pelo autor.

De fato, liderança é a competência mais importante que você e eu precisamos continuar desenvolvendo, que fará diferença na vida das pessoas e no mundo, reforçará cada vez mais as relações de confiança e nos permitirá alcançar os melhores resultados com pessoas. Por isso, quero compartilhar nas próximas páginas quase tudo o que penso sobre liderança. Alguns pontos nós já conversamos, mas, como eu desejo que você guarde essas lições em seu coração como se fosse uma carta que estou lhe enviando, voltarei a citá-los.

A liderança é uma jornada que começa pelo lado de dentro. Por isso, antes de conhecer, confiar e liderar outras pessoas, é preciso fazê-lo a si mesmo, por meio do autoconhecimento, da autoconfiança e da autoliderança. Parece simples, mas, creia-me, liderar a si mesmo é bem mais difícil do que liderar os outros; portanto, invista tempo em se conhecer. Conheça e reconheça seus pontos fortes e também os fracos. Busque maneiras de potencializar suas forças e melhorar naquilo que é imprescindível para sua atividade. Encontre em sua equipe pessoas que sejam fortes naquilo em que você não é, e permita que elas o ajudem. Conheça profundamente sua organização e o seu negócio. Busque saber a opinião sincera de seus liderados, pares, clientes, fornecedores e chefes sobre o seu trabalho e a sua liderança. Pare em algum momento do dia e pergunte-se: o que eu estou fazendo bem? O que posso melhorar? Que competências preciso desenvolver? Seja sincero com você, crie planos de ação, coloque-os em prática e desenvolva-se um pouco mais a cada dia.

Sabemos que a liderança oferece algumas vantagens, mas isso, sinceramente, não deveria ser sua maior preocupação, porque o verdadeiro líder não é o que busca vantagens para si, mas sim para aqueles que o seguem. Afinal, como conversamos, dificilmente uma pessoa seguiria um líder que a conduz a lugares ou situações piores do que aqueles aonde ela conseguiria chegar sozinha, a não ser que seja forçada a fazê-lo, porém, nesse caso, não seria liderança, mas tirania.

Conheça seus liderados, sua história, suas crenças, seus valores, seus talentos, suas capacidades e seus comportamentos. Talvez você não tenha afinidade natural com todos, mas, como líder, lembre-se: mesmo que não queira ser íntimo, precisa ser próximo de seus liderados, criar vínculo, dedicar tempo para ouvi-los, ensiná-los, aprender com eles, dar e receber feedbacks, fazer coaching, discutir ideias, enfim, desenvolver relacionamentos sinceros e transparentes com eles; precisa construir relações de confiança.

O líder é um protagonista, alguém que escolhe trabalhar para a construção de um futuro melhor, independente dos bons ou maus resultados obtidos no passado, tornando-se assim uma "figura de transição"; alguém que, em vez de usar o passado como desculpa, usa-o como experiência para fazer diferente e melhor, não se importando com o que os outros estão ou não fazendo. Para aquele que escolhe liderar, o que realmente importa é o que acontecerá a partir dele; a nova história da qual ele e sua equipe serão protagonistas e o legado que deixará em tudo aquilo que fizer, independente de quão bom ou ruim tenha sido o passado, porque líder é aquele que trabalha no presente para construir um futuro melhor.

Você é responsável pelos resultados. Por isso, a ideia não é se importar apenas com as pessoas, deixando os resultados de lado, mas focar no desenvolvimento delas para que estejam cada vez mais bem preparadas, motivadas, inspiradas e comprometidas com a entrega de resultados extraordinários. Realocar ou demitir pessoas faz parte da jornada, contudo, ao pensar em fazê-lo, reflita antes sobre seu empenho e dedicação ao desenvolvimento delas. Se estiver em paz, consciente de que já fez tudo o que estava ao seu alcance para desenvolvê-las, faça o que precisa ser feito; caso contrário, dê um passo atrás e desenvolva-as. Em outras palavras, seja coerente, ético e justo.

Assim como muitas coisas na vida, liderança não se aprende na escola, mas no dia a dia, acertando muito, mas errando também; portanto, arrisque-se, dê o seu melhor, e, se não der certo, pare, reflita, ajuste a rota, peça desculpas,

Se errar com a intenção certa, em geral, será compreendido, mas, se acertar com a intenção errada, as pessoas perceberão, e isso afetará sua credibilidade e a confiança.

se necessário, e tente novamente. Sua intenção será o termômetro de suas ações. Se errar com a intenção certa, em geral, será compreendido, mas, se acertar com a intenção errada, as pessoas perceberão, e isso afetará sua credibilidade e a confiança. Evite usar atalhos; em liderança, eles são perigosos. Aja com amor, caráter e integridade, seja ético e justo. Se você não se considera uma pessoa carismática, não se preocupe; seu caráter e sua integridade são mais importantes do que sua personalidade, porque, em liderança, a personalidade pode abrir muitas portas, mas somente o caráter as manterá abertas. Permita que as pessoas o conheçam verdadeiramente; o mínimo que você pode oferecer àqueles a quem lidera é que eles saibam, de verdade, quem os está liderando.

O maior fator motivacional que você pode oferecer aos seus liderados é que eles façam parte de um time vencedor, e para que isso aconteça é preciso que todos trabalhem de modo colaborativo em busca de um mesmo objetivo e, portanto, que construam juntos uma visão de futuro (conforme conversamos em "Transparência"), determinem metas, criem uma identidade, estabeleçam o propósito e os valores que balizarão as ações e os comportamentos da equipe. Um time vencedor sabe exatamente aonde quer chegar. Por isso, crie o "norte" para onde todos estarão olhando, porque, se cada um estiver olhando para um lugar diferente, os resultados não serão bons.

Não se preocupe com os estilos de liderança. O melhor estilo é o seu. Seja você mesmo; apenas considere que situações e pessoas diferentes exigem posturas diferentes. Se uma situação oferece alto risco e sua equipe não está preparada para resolvê-la, talvez tenha de atuar mais diretamente. Se o risco é baixo, ou os membros da equipe estiverem preparados, deixe-os fazer; enfim, perceba e adapte-se ao cenário e adote o estilo e a postura mais adequados a cada situação. Apenas não esqueça que um de seus principais papéis como líder é desenvolver pessoas e formar novos líderes, e, para isso, precisa treiná-las, empoderá-las e delegar a elas tudo o que puder para que se tornem independentes e autônomas. Você é líder e não super-herói, portanto, não queira fazer tudo sozinho e nem saber tudo sobre tudo; quando for preciso, seja humilde e peça ajuda a sua equipe. Lembre-se: quanto menos sua equipe precisa de você, mais líder você se torna!

Não trate as pessoas da mesma maneira, elas são diferentes. Com alguns você pode ser mais direto, assertivo e rápido, já com outros, talvez, precise ir um pouco mais devagar. Isso não significa que um é melhor do que o outro, apenas mostra que as pessoas são diferentes e precisam ser tratadas de acordo com suas características, principalmente se você quiser realmente obter os melhores resultados. Uma das melhores maneiras de ajudar seus liderados a se tornarem independentes e autônomos é tirando-os da zona de conforto, deixando de responder a tudo que eles perguntam. Procure, na medida do possível, instigá-los com perguntas. Elas ajudam a aumentar a autoconfiança e a autoestima de seus liderados, e os faz sair do estado de preguiça mental, aguça a criatividade e aumenta o senso de responsabilidade e comprometimento porque, a partir do momento que a proposta de solução vem do próprio liderado, ele naturalmente se torna mais envolvido e comprometido com a execução e com o resultado, já que foi ele quem teve a ideia. Não espere que excelentes profissionais, casualmente, batam à sua porta procurando algo para fazer. Se quiser de fato liderar uma equipe de alto desempenho, você precisará se empenhar no desenvolvimento das competências e do caráter de seus liderados.

A comunicação na liderança é essencial, portanto comunique muito. Não acredite que e-mails, mensagens de texto e voz ou qualquer outro tipo de comunicação indireta são suficientes. Esteja perto das pessoas, converse com elas, evite mandar recados, fale diretamente. Não tire conclusões precipitadas, mas cerque-se das informações necessárias para tomar decisões acertadas e justas. Vá direto ao ponto. Nos dias de hoje, já não existe tempo para ficarmos dando voltas para comunicar o que precisa ser dito. Pare para escutar as pessoas e, enquanto elas estiverem falando, evite ficar pensando na resposta porque, quando você faz isso, deixa de ouvir. Lembre-se, o silêncio faz parte da conversa; portanto, ouça atentamente (sem ficar olhando para o computador, o relógio ou o celular) e, depois que a pessoa terminar de falar, prossiga. Agir assim, além de melhorar a comunicação, demonstra o respeito que você tem por ela. A comunicação mais importante que você pode ter com a sua equipe, por meio de suas atitudes, é que você acredita nas pessoas e no potencial delas, e que será o agente de transformação desses seres humanos em profissionais ainda melhores. Você lhes dará a esperança de que, com sua orientação, elas chegarão mais longe.

Lembre-se: não existem líderes perfeitos, mas tampouco líderes que não estejam em aperfeiçoamento; portanto, o aprendizado contínuo, natural e espontâneo é o caminho que lhe permitirá crescer e deixar de lado a antiga ideia de que é possível avançar com aquilo que já sabe. Mais do que fazer aquilo do que gosta, aprenda a se apaixonar pelo que você faz. Contagie as pessoas com a sua paixão. Seja alguém comprometido com os resultados, mas, antes, comprometa-se com o ser humano. Acredite nas pessoas, sirva-as com amor, caráter e integridade e evite usar o poder e a influência para servir a seus próprios interesses, porque o líder que não serve, não serve para ser líder. Não se preocupe com honra pessoal, mas esteja atento às necessidades daqueles que estão ao seu redor. Viva uma vida com sentido, propósito e equilíbrio; persiga objetivos e resultados legítimos porque em suas mãos está a oportunidade de construir um futuro cheio de fé, amor, respeito, esperança, dignidade e espiritualidade. Não se esqueça de que seu legado não será determinado pelos bens que deixou, pelas organizações que liderou, pelos recordes que estabeleceu ou pelos produtos que desenvolveu, mas pelas vidas que influenciou e pelos líderes que formou. Plantar sementes na vida das pessoas, investir tempo nelas, não garante que elas chegarão aonde você espera; contudo, se não as plantar, nunca saberá do que elas são capazes.

Liderança não se conquista pela posse, mas pelo exercício. Liderança não é um título, um cargo, uma posição, uma sala ou uma cadeira. Liderança é, acima de tudo, uma escolha! Líder é aquele que cuida do presente enquanto cria um futuro melhor; portanto, se você escolheu liderar, e quer realmente participar dessa construção, escolha tornar-se um líder extraordinário, uma "figura de transição", liderando a si mesmo, construindo relações de confiança, transformando sonhos em visão de futuro, servindo e desenvolvendo as pessoas, priorizando a confiança mais do que o controle, comunicando com responsabilidade, fazendo da pergunta sua grande aliada, formando novos líderes, e agindo com amor, caráter, integridade e ética porque, dessa maneira, estará cumprindo o verdadeiro propósito para o qual você foi criado: liderar.

Pois bem, espero ter conseguido transmitir a você aquilo que sinto e compreendo sobre a liderança e o papel do líder. Estas são as principais competências que um líder precisa desenvolver constantemente porque reforçam as relações de confiança, ampliando significativamente a possibilidade de conquistar resultados extraordinários com as pessoas.

Empowerment

Na era da agilidade e das organizações exponenciais, o *empowerment* assume um papel ainda mais importante, necessário e estratégico nas organizações porque esse novo cenário exige maior velocidade na tomada de decisões, na concepção de produtos e serviços, na resolução de problemas e entregas.

Podemos dizer que *empowerment*, ou empoderamento, é um processo de dar e receber no qual se adquire autonomia para que os objetivos sejam alcançados e as necessidades das pessoas, atendidas.

O *empowerment* é uma das principais ferramentas de construção de relações de confiança, de desenvolvimento de pessoas, de formação de novos líderes e de entrega de resultados extraordinários. Na era da agilidade e das organizações exponenciais, o *empowerment* assume um papel ainda mais importante, necessário e estratégico nas organizações porque esse novo cenário exige maior velocidade na tomada de decisões, na concepção de produtos e serviços, na resolução de problemas e entregas; algo que só é possível quando contamos com pessoas e equipes autônomas, confiantes, independentes e comprometidas com o resultado, que é exatamente o que o *empowerment* proporciona.

No início deste capítulo, mencionei que as pessoas não confiam em você por causa do seu grande potencial, mas porque você faz as coisas acontecerem, e nesse ponto é muito importante que, como líder, você compreenda que sua responsabilidade não é simplesmente executar, mas mobilizar o entorno para que as coisas aconteçam. Algo que não acontece com centralização, mas com *empowerment*.

.... • ....

No século XIV a. C., um grande líder tinha a responsabilidade de conduzir aproximadamente 600 mil pessoas pelo deserto, em direção a um grande objetivo. O dia a dia desse líder era uma loucura; muitas pessoas se aglomeravam ao redor de sua tenda para pedir conselhos, dar sugestões, oferecer ou pedir ajuda, enfim, ele já não tinha tempo para nada.

Certo dia, no final da tarde, seu sogro o levou ao alto de uma colina, onde podiam conversar sem ser interrompidos, e lhe disse:

– Por que você precisa resolver pessoalmente todos os casos que lhe são trazidos? O que você está fazendo não está certo. Desse jeito você vai ficar cansado, e o povo também. Isso é muito trabalho para você fazer sozinho!

– Mas é isso que eles esperam de mim! Você já imaginou se eu passar esta tarefa para outras pessoas e algo sair errado? – retrucou o líder.

– Isso não deve preocupá-lo. Você deve ensinar ao povo como viver. Escolha pessoas capazes e coloque-as como líderes de mil, de cem, de cinquenta e de dez. Escolha pessoas de confiança, que sejam honestas e íntegras. Elas ajudarão o povo, e somente os casos mais difíceis serão trazidos a você. Assim será melhor para você e para todos.[1]

.... • ....

E, como não poderia deixar de ser, a base do *empowerment* é a confiança, já que o próprio ato de empoderar é uma expressão da confiança naquele que recebe a responsabilidade de conduzir e realizar determinada atividade. Por sua vez, esse "depósito de confiança" retorna em forma de proximidade e, consequentemente, reforça a relação de confiança entre líder e liderado. Em contrapartida, a centralização, que é o oposto do *empowerment*, produz resultados também opostos.

O *empowerment* mantém tanto o líder quanto a equipe fora da zona de conforto e aumenta o nível de interação e o senso de trabalho em equipe porque faz com que cada pessoa se sinta participante dos resultados alcançados, aumentando naturalmente o nível de comprometimento e responsabilidade, já que, em geral, as pessoas se comprometem com aquilo que conhecem e de que participam.

O *empowerment*, contudo, é um tema mais simples de entender do que de praticar porque, se não houver muita vontade, determinação e disciplina por parte do líder, é provável que a correria do cotidiano impeça-o de priorizar seu desenvolvimento na equipe. Por isso, vou falar um pouco mais sobre as vantagens de fazê-lo. O *empowerment*:

- Potencializa as relações de confiança.
- Possibilita ao líder mais tempo para se dedicar a assuntos estratégicos, ao autodesenvolvimento e ao desenvolvimento de seus liderados.
- Ajuda a formar profissionais mais criativos e autônomos.
- Aumenta o nível de comprometimento e de responsabilidade na equipe.
- Desafia e motiva a equipe.
- Permite a descoberta de novas capacidades e novos talentos.
- Ajuda a identificar e formar futuros líderes.
- Melhora a produtividade.
- Maximiza resultados.

Apesar de a maioria dos líderes já saberem disso, infelizmente poucos decidiram pagar o preço para que o *empowerment* aconteça de verdade. Várias pesquisas mostram que um dos maiores problemas da liderança é a grande quantidade de tempo que os líderes gastam para fazer coisas que estão abaixo do seu nível de gestão, e como consequência deixam de fazer o que deveriam. Isso acontece principalmente por causa das "historinhas" que esses líderes contam para si mesmos, por causa de seus modelos mentais. Os modelos mais comuns neste caso são estes:

- "As pessoas ainda não estão preparadas, por isso não posso dar a elas tarefas importantes."
- "Não tenho tempo para preparar as pessoas, então o jeito é eu mesmo fazer."
- "Ninguém faz isso tão bem quanto eu; portanto, se eu quero um trabalho realmente bem feito, é melhor que eu mesmo o faça."

- "Se eu der isso para alguém fazer, sei que voltará com problemas, então, para não ter retrabalho, eu mesmo faço."
- "Ninguém é tão inteligente, competente e comprometido quanto eu."
- "Eu sou o cara! Eu faço."

Você se identifica com algum desses modelos mentais, ou com qualquer outro que possa estar impedindo você de empoderar as pessoas? Se sua resposta é "sim", reflita sobre ganhos e perdas em pensar e agir desse modo. Faça uma lista e se, no final, concluir que ganha mais do que perde, continue assim; caso contrário, convença-se racionalmente da importância do *empowerment*, coloque-o em prática, colha os resultados e ajude seu cérebro a substituir o antigo modelo mental por outro bem mais produtivo. Lembre-se de que tudo o que você faz bem feito hoje já foi mal feito um dia, e sabe por quem? Por você mesmo. Foi preciso que você percorresse um longo caminho para deixar de fazer mal feito e fazer do jeito que faz atualmente. E isso só foi possível porque seus líderes permitiram que você trilhasse esse caminho. Portanto, agora que você ocupa uma posição de liderança, seria muito injusto não fazer o mesmo pelas pessoas à sua volta.

Por isso, é preciso estabelecer um ponto de ruptura com os velhos modelos mentais que o impedem de empoderar seus liderados. É preciso colocar gente na agenda e investir uma parte significativa do seu tempo na instrução e na preparação de seus liderados para que eles façam o que precisa ser feito. É por isso que o *empowerment* não acontece simplesmente da noite para o dia; é um processo que exige muita disciplina e dedicação, tanto por parte do líder como do liderado.

É importante ressaltar que a delegação faz parte do *empowerment*, mas não é a mesma coisa. Muita gente confunde os dois conceitos, mas delegar é apenas parte do processo de *empowerment*. Para que a delegação funcione da maneira correta, é necessário que o liderado tenha sido preparado para tal, porque, se delegarmos antes de a pessoa estar preparada para isso, não será delegação, mas "delargação", gerando frustração para ambos os lados e resultados muito aquém do esperado.

Espero ter reforçado a importância do *empowerment* e aumentado sua disposição para potencializá-lo em seu dia a dia como líder. Para isso, aqui vão algumas dicas básicas que podem ajudá-lo nessa jornada. Com o tempo, você encontrará o seu próprio jeito de agir:

- Comece fazendo uma lista daquilo que poderia delegar a alguém de sua equipe. Responda à pergunta: "O que estou fazendo que poderia ser feito por outra pessoa?". Apenas tome o cuidado de não usar o *empowerment* como lixeira. Evite delegar apenas atividades de que não gosta ou que não quer fazer. Sua equipe certamente perceberá e isso compromete o processo e a confiança.
- Leve em conta o perfil e as habilidades necessárias para a execução do trabalho. Dê preferência a pessoas com talentos naturais para o tipo de trabalho que pretende delegar.
- Reflita sobre como a equipe e a organização aceitam a pessoa que receberá a tarefa, principalmente quando for algo que demande interação com outras áreas.
- Esteja certo de que a tarefa pode ser realizada, pois tarefas impossíveis desmotivam.
- Busque delegar atividades de maneira equilibrada entre todos.
- Defina clara e detalhadamente o objetivo, a tarefa e os resultados esperados.
- Esclareça papéis, responsabilidades e limites.
- Estabeleça prazos e o padrão de qualidade esperado.
- Treine e prepare a pessoa antes de delegar. Até que esteja preparada, ela precisará que você esteja por perto.
- Uma vez preparada, conceda autoridade e autonomia para a realização do trabalho, e crie as condições necessárias para que a pessoa realize a atividade com sucesso. Apenas interfira quando for estritamente necessário.

- Estabeleça pontos de controle. Defina um sistema de acompanhamento para se certificar de que está tudo correndo conforme o esperado, esclarecer dúvidas e evitar surpresas ao final do processo. Não confunda esse acompanhamento com microgerenciamento; são coisas diferentes.
- Permita e incentive as pessoas a descobrirem maneiras mais eficientes de executar a atividade. Dê liberdade e autonomia para que tanto o processo como os resultados sejam melhorados; isso gera propriedade, responsabilidade e motivação na equipe.
- Reconheça as pessoas e comemore os resultados.

Atualmente, as organizações de maior sucesso buscam pessoas bem qualificadas e que querem fazer o melhor uso das suas capacidades em um ambiente que lhes dê liberdade para demonstrar seu senso de iniciativa, comprometimento e responsabilidade. Se essas pessoas forem impedidas de operar no que consideram o seu mais alto nível de competência, existem boas chances de que percam a motivação e já não desejem permanecer; por isso é tão importante entender a necessidade de usar efetiva e apropriadamente diferentes estilos de liderança.

É importante que os líderes também compreendam que o *empowerment* nem sempre é o estilo mais adequado, especialmente quando o momento é de crise ou urgência. Nessas circunstâncias, é provável que o líder precise intervir e mostrar o caminho enquanto se envolve pessoalmente. Ainda assim, colocarei maior ênfase no estilo empoderador, já que, quando a situação permite, este prova ser o modo mais eficiente de atingir a alta performance, os melhores resultados e a realização no trabalho.

Existem várias maneiras de percorrer a jornada do *empowerment*, mas quero apresentar aquela com a qual mais me identifico: o modelo Leadership Behaviors, uma ferramenta lógica, prática e eficaz desenvolvida pelos pesquisadores Pierre Casse e Paul George Claudel, da Kellogg School of Management, nos Estados Unidos.[2] Essa ferramenta nos ajuda a compreender que o melhor estilo de liderança é aquele que melhor atende à situação, já que situações diferentes requerem estilos de liderança diferentes. Vejamos como ele funciona.

O modelo considera que existem duas habilidades-chave em relação a como o comportamento de liderança pode ser definido:

- **Imaginação:** a capacidade de produzir novas ideias e ser criativo. No contexto atual, a liderança precisa ser proativa para revisar as regras e até mesmo reorientar todo o modelo de trabalho.
- **Execução:** a habilidade do líder de traduzir boas ideias em ações e resultados. Conceitos e conversas são positivos quando direcionam para bons resultados. Portanto, os líderes precisam ser hábeis para tomar decisões, concretizar e materializar as ideias (diretamente, com ou por meio de outros) com rapidez e qualidade.

Figura 7.2 Execução x Imaginação

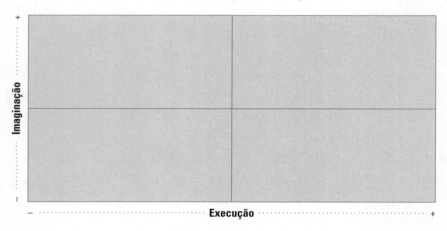

Fonte: adaptada de Pierre Casse e Paul George Claudel.

Imaginação e execução, portanto, irão aparecer como duas coordenadas de apoio para este modelo, e os quatro estilos de liderança que discutiremos adiante serão determinados pelo nível de utilização dessas duas habilidades.

- **Liderança por meio da ação:** esse estilo de liderança é alto na parte de execução e baixo na imaginação, significando que o líder estará fortemente envolvido em dirigir a equipe, vendo-se como totalmente responsável, e dizendo às pessoas o que elas devem fazer. Ele até discute os prós e os contras de suas decisões, mas sem gastar muito tempo ouvindo a opinião dos outros membros da equipe. Existem momentos em que os líderes precisam tomar a frente e fazer as coisas eles mesmos. Precisam mostrar o caminho e servir de modelo, enviando sinais sobre a direção a tomar. O lema para esse estilo é **"faça"** e também pode ser chamado de **"liderando na linha de frente"**.
- **Liderança por meio do trabalho em equipe:** aqui, a prática é de alta execução e alta imaginação. O líder busca produzir boas ideias junto com sua equipe, transforma-as em plano de ação e as implementa. Embora seja eficaz em situações específicas, este não deveria ser o estilo predominante na maioria das situações. Existem falhas importantes envolvidas no trabalho em equipe, como tomar tempo de muita gente e ainda entregar soluções medianas. O lema desse estilo é **"pense e faça com eles"** e topologicamente é definido como **"liderando de dentro"**.
- **Liderança por meio da inspiração:** esse estilo é forte em imaginação, mas baixo em execução. Nesse caso, o líder estimula o pensamento dos membros da equipe, desafiando-os a ver as coisas por ângulos diferentes. Contudo, ele não decidirá pela equipe nem participará da implementação das decisões tomadas. O lema que define esse estilo é "pense e deixe-os fazer" e, do ponto de vista topológico, pode ser chamado de **"liderando ao lado"**.

- **Liderança por meio do *empowerment*:** de primeira, alguém pode ficar reticente pela definição desse último estilo, já que suas coordenadas são baixas em imaginação e execução. Mas isso não significa que o líder se manterá passivo nem fugirá de suas responsabilidades. Nesse estilo, o líder confia que as pessoas são capazes de colaborar com suas próprias ideias, de tomar as decisões necessárias e realizar a tarefa, atividade ou projeto. Existe a confiança realizacional. Neste caso, o papel do líder consiste em: 1) definir a visão e as estratégias, geralmente junto com os membros da equipe; 2) definir as condições e os sistemas de apoio para o processo de empoderamento funcionar com sucesso; 3) deixar as pessoas executarem, e 4) reconhecer e recompensar apropriadamente. O lema aqui é **"assista-os fazer"** e, da perspectiva topológica, pode ser chamado de **"liderando na retaguarda"**.

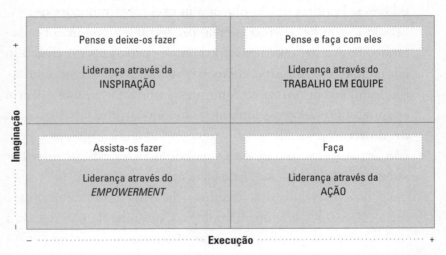

Figura 7.3 Os quatros quadrantes do *empowerment*

Fonte: adaptada de Pierre Casse e Paul George Claudel.

O desafio dos líderes é decidir qual é o melhor estilo no sentido de maximizar o desempenho e criar um ambiente saudável. E, para isso, existem dois indicadores:

- **O risco da situação.** Não há dúvida de que num mundo que muda rapidamente não podemos perder de vista a situação que a equipe ou a organização está enfrentando. É claro que uma situação de alto risco ou de crise pode exigir um envolvimento muito forte e ativo do líder para cercar o problema e mantê-lo sob controle. Quanto mais sério o desafio, mais os líderes devem usar o estilo "liderar por meio da ação". Porém, se a situação é de baixo risco, talvez seja o momento para que o líder permita que sua equipe pense e execute, ou seja, empodere seus membros.
- **Confiança ou competência:** mesmo que o risco da situação permita o empoderamento de acordo com o critério mencionado acima, o líder, antes de deixar a equipe tomar a frente, precisa se perguntar: "Minha equipe está preparada para isso?", "Posso assumir o risco de deixá-los lidar com essa situação sozinhos?". A resposta depende de se as pessoas envolvidas são competentes e comprometidas para tal. E, finalmente, é claro, o líder deve ter certeza de que os membros da equipe querem ser empoderados e assumir os riscos. Então, de acordo com o nível de competência e comprometimento, e de quanto o líder confia nas pessoas, podem ser empregados diferentes níveis de *empowerment*.

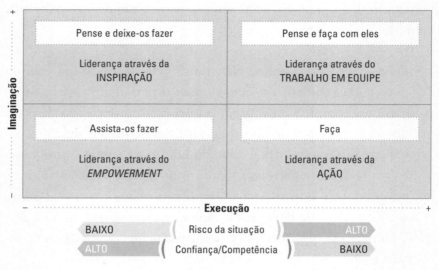

Figura 7.4 Risco x Competência

Fonte: adaptada de Pierre Casse e Paul George Claudel.

Baseado nesses dois indicadores, o líder pode decidir qual estilo de liderança adotar para garantir a resposta de maior sucesso. Um ponto importante a considerar é que a cultura organizacional pode influenciar o grau em que os líderes estarão propensos a estender a autonomia em sua equipe. Quanto mais conservadora a cultura organizacional, mais os líderes se sentirão pressionados a permanecer no lado direito do modelo (liderança por meio da ação prática e liderança por meio do trabalho em equipe). Por outro lado, quanto mais empreendedor for o ambiente, mais espaço existe para o empoderamento.

Uma vez que você decida pelo *empowerment*, deve levar em consideração que ele pode ser aplicado de várias formas e com diferentes níveis, de acordo com a circunstância e as qualificações das pessoas, conforme vimos há pouco. Dependendo do nível de competência e de comprometimento do liderado e, consequentemente, quanto você confia nele para conduzir o trabalho, quatro possíveis variações do empoderamento podem ser adotadas:

1. **A pessoa está altamente comprometida, mas tem baixa competência.** Isso pede o "empoderamento monitorado"; o líder dá à pessoa um nível limitado de autonomia, não permite nenhum desvio da janela atribuída, e monitora de perto como as coisas caminham.
2. **A pessoa está altamente comprometida e tem alta competência.** Essa é a situação ideal, na qual nenhuma restrição é necessária já que o membro da equipe é totalmente qualificado para tomar a iniciativa e assumir a responsabilidade. Essa situação é chamada de "empoderamento máximo" ou "delegação completa", e o que resta para o líder fazer é desafiar a equipe a realizar.
3. **A pessoa tem alta competência, mas, por alguma razão, demonstra baixo comprometimento.** Essa é uma situação na qual o líder não está totalmente seguro de que ela realizará o trabalho, mesmo sendo muito competente. O líder fará então um "empoderamento seletivo", alertando a pessoa sobre pontos críticos da atividade, como a participação em reuniões importantes, e mantendo conversas mais frequentes sobre a evolução do trabalho.
4. **A pessoa está pouco comprometida e tem baixa competência.** É claro que nenhum empoderamento é necessário, pelo menos enquanto um desses parâmetros não tiver aumentado, o que pode acontecer como resultado de uma tentativa de maior proximidade por parte do líder. Mas, caso isso não aconteça, reflita se essa pessoa deve realmente continuar em sua equipe.

Como mencionei, o *empowerment* acontece durante todo o processo, e não apenas na "delegação completa". Em cada etapa, até que a pessoa demonstre alto grau de comprometimento e competência, o líder a empodera de maneiras diferentes, fazendo-a observar e aprender, executando junto com ela, deixando-a fazer e observando os resultados, até que decida delegar completamente e empoderá-la em todos os níveis.

Alguns líderes ainda relutam em usar o *empowerment* porque este exige tempo e dedicação, apresenta riscos e precisa de monitoramento de vários parâmetros. Por causa disso, alguns preferem se abster, centralizar e fazer o trabalho sozinhos, ou simplesmente "delargar", sem qualquer tipo de preparação e acompanhamento. O fato é que, apesar de essa ser a escolha mais fácil, certamente não é a melhor porque não desafia nem tampouco desenvolve as pessoas, sobrecarrega o líder, não explora os talentos, diminui a criatividade, impossibilita a formação de novos líderes, frustra e desmotiva as pessoas, diminui o nível de comprometimento, não constrói confiança e, consequentemente, prejudica os resultados.

Com raras exceções, acredito que o *empowerment* é o estilo de liderança mais eficaz e o mais poderoso na construção de relações de confiança; contudo, é preciso considerar os indicadores para decidir pelo melhor estilo para cada situação. Lembre-se também de que seu estilo preferido ou natural não é necessariamente o melhor; tudo depende do contexto. Portanto, busque adaptar-se e ajustá-lo ao que for mais adequado para cada situação e pessoa.

Em liderança, não existe sucesso sem sucessão, portanto, a formação de novos líderes é um dos maiores indicadores de sucesso de um líder. E formar é diferente de instruir, porque a instrução assume responsabilidade, mas atinge apenas o "fazer", enquanto a formação é capaz de tocar o "ser", evocando compromisso e envolvimento com a vida daqueles que estão sendo formados. A instrução não forma, já que é possível instruir pessoas que têm ideologias e valores totalmente opostos aos seus; porém, para formá-las, é preciso empoderá-las, caminhar junto, colocar os braços ao redor de seus ombros, compartilhar valores, sentimentos, paixões, conhecimento e sabedoria.

Agora, espero que agora você se sinta empoderado para empoderar!

Accountability

Ainda que não exista uma tradução exata para o português, *accountability* pode ser definida como "pensar e agir como dono, responsabilizando-se pelos resultados"; é uma combinação de **resiliência**, **comprometimento** e **responsabilidade**. Além disso, quem age com *accountability* não convive com corrupção, não compactua com "jeitinhos", nem terceiriza a culpa.

Figura 7.5 Comportamentos das equipes que entregam os melhores resultados

Fonte: adaptada de *Os 5 desafios das equipes*, de Patrick Lencioni.

No início do livro, conversamos rapidamente sobre o conceito de Patrick Lencioni acerca de equipes de alto desempenho, segundo o qual a confiança conduz a conflitos produtivos que, por sua vez, geram maior comprometimento e responsabilidade (e responsabilização) que, consequentemente, conduzem aos melhores resultados. Portanto, uma vez que a confiança esteja estabelecida, é a *accountability* de todos os membros da equipe que transformará os planos em realidade e realização, começando obviamente pelo líder.

A base da *accountability*, portanto, é o **comprometimento**, uma palavra um tanto mal compreendida nos dias de hoje, talvez por não conhecermos sua etimologia e composição. A palavra "comprometimento" é formada por "prometimento", ou seja, promessa, acordo, contrato ou aliança, e "com", que expressa a noção de conjunto. Portanto, em termos bem simples, comprometimento é "a promessa de fazer o melhor junto com outras pessoas". E, quando falamos em "fazer o melhor", infelizmente, também percebemos uma compreensão distorcida do que isso significa.

.... • ....

João trabalha há dez anos na mesma empresa. É um funcionário dedicado e muito orgulhoso por ser um dos primeiros colaboradores da organização. Apesar disso, não consegue entender por que Carlos, que tem apenas um ano de empresa, foi recentemente promovido e já tem o mesmo salário que ele.

João decidiu então falar com Alberto, seu chefe, para entender a situação:

– Senhor Alberto, preciso conversar com o senhor. O Carlos trabalha aqui há apenas um ano, já foi promovido e está ganhando o mesmo que eu, que trabalho aqui há mais de dez anos. Eu faço tudo certinho, nunca me atraso e sempre entrego o que senhor pede. O senhor acha justo isso?

Alberto pensou um pouco e respondeu:

– João, antes de responder à sua pergunta, preciso que me ajude com algo. No próximo mês, pretendo reunir todos os vendedores para um treinamento e quero oferecer um coffee-break diferenciado, apenas com frutas e sucos naturais. Aqui está a lista de frutas e quantidades, veja o que consegue negociar com o supermercado vizinho. Veja se eles têm o que precisamos, os preços etc. Assim que tiver as informações, voltamos a conversar, pode ser?

João não perdeu tempo. Pegou a lista e foi correndo ao supermercado que ficava bem em frente ao escritório, voltando uma hora depois:

– Senhor Alberto, fui ao supermercado e eles não têm todas as frutas da lista. Perguntei para a pessoa que estava fazendo a reposição, e ela disse que a cada semana eles recebem tipos de frutas diferentes, por isso não dá para garantir que terão todas as que pediu para semana da reunião.

Alberto agradeceu e pediu para que João aguardasse ali mesmo, então chamou Carlos e passou para ele a mesma tarefa que havia dado a João. Carlos retorna após alguns minutos e diz:

– Senhor Alberto, desculpe a demora. Conversei com a gerente do supermercado aqui do lado e ela não pode garantir que as frutas de que precisamos estejam disponíveis na semana da reunião, por isso fui ao supermercado que fica no outro quarteirão e consegui o compromisso do gerente de que teremos todas as frutas para o dia combinado. Aqui está a lista de preços: a banana custa R$ 5,00 a dúzia, a laranja R$ 10,00 o saco com 24 unidades, e eles podem entregar descascadas por mais R$ 5,00. Estes preços são melhores que os do outro supermercado, e ainda consegui um desconto de 15% pela quantidade. Por favor, apenas confirme se está de acordo para que eu possa fechar o pedido. No dia da reunião, a entrega será feita bem cedinho, e eu mesmo estarei aqui para receber e conferir a mercadoria.

Alberto agradeceu a Carlos e disse que falaria com ele mais tarde, então olhou para João, que continuava aguardando em sua sala, e perguntou:

– Muito bem, João, sobre o que mesmo estávamos conversando?

– Nada não, senhor Alberto, deixa pra lá.

.... • ....

Existe uma grande diferença entre "fazer o possível" e "fazer o melhor". Muita gente sofre de algo que chamo de "síndrome do possível": quando alguém lhes pede alguma coisa ou quando são responsáveis por realizar algo, o pensamento e o discurso são "farei o possível", que é bem diferente de "fazer o melhor". É algo sutil, mas existe um abismo de distância entre as duas atitudes.

Qualquer um pode "fazer o possível"; já o "melhor", apenas aqueles que estão verdadeiramente comprometidos com a excelência e com resultados extraordinários. E fazer o melhor não significa necessariamente ser perfeito, mas **fazer o melhor que puder, com os recursos disponíveis naquele momento, até que possa melhorar ainda mais.**

O melhor só acontece com *accountability,* quando o mais alto nível de comprometimento está presente; por isso, vejamos quais são os possíveis **níveis de comprometimento** que adotamos em nossa vida pessoal e profissional:

Figura 7.6 Níveis de comprometimento

Exterior — Interior
Ego — Alma

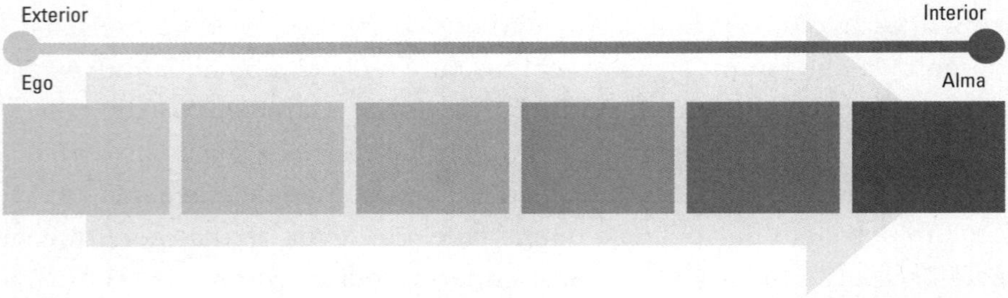

Fonte: elaborada pelo autor.

Olhando para essa ilustração, verificamos que a evolução do nível de comprometimento acontece da esquerda para a direita. Na extrema esquerda, enxergamos que as soluções estão no exterior, do lado de fora, e, portanto, não são nossa responsabilidade. Desse lado, o ego sobrepõe a vulnerabilidade e o individualismo evita a cooperação. À medida que nos conscientizamos de que as melhores respostas já estão dentro de nós, passamos a dar mais espaço ao coletivo e à cooperação, aumentando nosso nível de comprometimento e caminhando em direção à *accountability*.

Quero abrir um parêntese aqui para dizer que *accountability* é algo situacional, assim como a dimensão da confiança realizacional. Você perceberá que age de modo *accountable* em muitas situações, mas em outras nem tanto. Você pode, por exemplo, ser *accountable* com tudo que está relacionado ao trabalho e, ao mesmo tempo, demonstrar um baixo nível de comprometimento com sua saúde.

Vamos então ao primeiro nível de comprometimento, que é o **baixo comprometimento**. Nesse nível, a pessoa entende que a responsabilidade não é dela e que a culpa é de outra pessoa. Então, ela prefere reclamar das coisas, fofocar e falar mal dos outros, e se mostra resistente a mudanças. Enfim, fica focada no problema e tem pouca disposição para ajudar a encontrar soluções.

Figura 7.7 Níveis de comprometimento – Baixo comprometimento

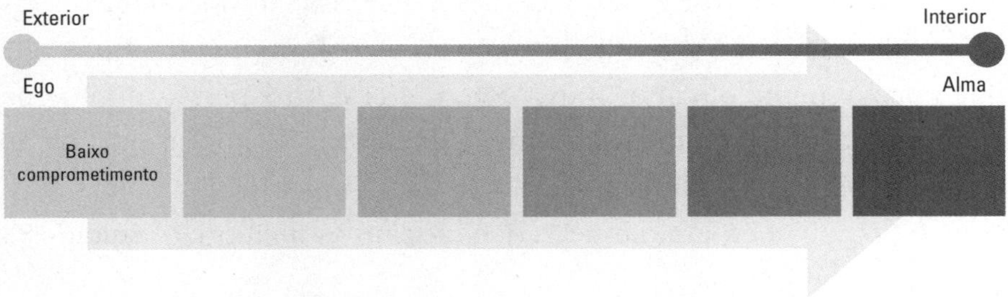

Fonte: elaborada pelo autor.

O segundo é o nível da **responsabilidade**, quando a pessoa assume e cumpre as tarefas, atividades e responsabilidades relacionadas à sua posição ou cargo. A pessoa faz apenas o que é paga para fazer, simples assim. Esse é o primeiro nível de comprometimento válido, que traz algum resultado positivo, mas ainda está muito aquém daquilo que se espera de alguém que age com *accountability*. Responsabilidade é de fora para dentro; *accountability* é de dentro para fora.

Figura 7.8 Níveis de comprometimento – Responsabilidade

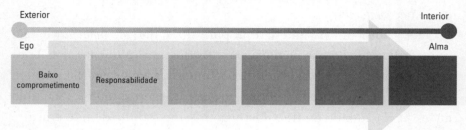

Fonte: elaborada pelo autor.

O próximo nível de comprometimento é o **engajamento**, quando a pessoa, além de assumir e cumprir as tarefas e atividades relacionadas à sua posição, o faz com entusiasmo. Se a respiração é nossa principal fonte de energia física, o entusiasmo é a principal fonte de energia motivacional porque faz crescer a força de vontade e ajuda a renovar as forças. Nesse nível, as emoções começam a fazer parte do contexto, dando muito mais intensidade às nossas ações. É comum considerarmos o engajamento como um dos mais altos níveis de comprometimento, tanto que normalmente ouvimos frases como "Ela é uma pessoa muito engajada" ditas com muito entusiasmo, mas, apesar de importante, o engajamento é um nível intermediário de comprometimento e, portanto, aquém do que se espera daqueles que buscam os melhores resultados.

Figura 7.9 Níveis de comprometimento – Engajamento

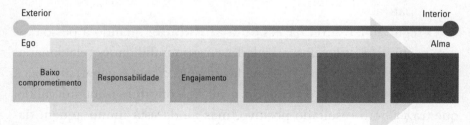

Fonte: elaborada pelo autor.

O nível seguinte é o **empoderamento**. Aqui, vale a pena ressaltar que os níveis de comprometimento mais à direita incluem os anteriores, ou seja, são acumulativos. Sendo assim, o empoderamento inclui também responsabilidade e engajamento. Portanto, além de responsável e engajado, alguém empoderado tem domínio e autonomia sobre aquilo que faz, buscando maneiras cada vez mais eficazes e produtivas de chegar aos melhores resultados sem que ninguém precise cobrá-lo ou lembrá-lo.

Figura 7.10 Níveis de comprometimento – Empoderamento

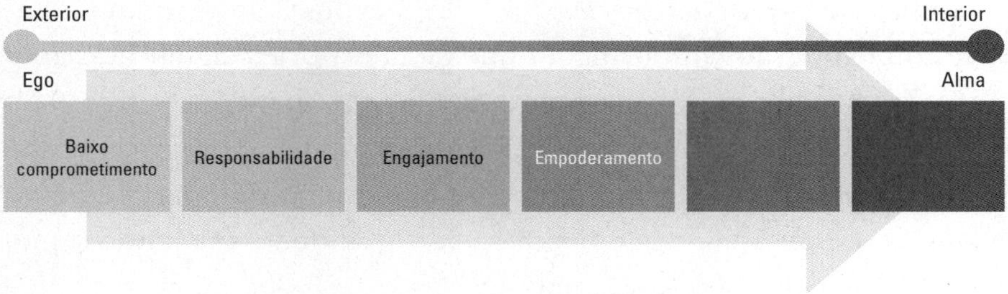

Fonte: elaborada pelo autor.

Chegamos ao **protagonismo**. Aqui, além de responsável, engajada e empoderada, a pessoa amplia sua visão sistêmica sobre o negócio, as atividades e as possibilidades, tornando-se alguém "anteativo", ou seja, que se antecipa às situações e aos problemas e não apenas espera que aconteçam para se envolver em sua resolução. Muita gente se julga proativa, mas, embora sejam as primeiras a indicar uma solução quando os problemas aparecem, não se antecipam a eles quando têm oportunidade. Na minha opinião, isso não é ser proativo, mas reativo; por isso, a expressão "anteativo", apesar de ser um neologismo, é mais apropriada para compreendermos a importância de utilizar a visão sistêmica para nos antecipar às situações, e não apenas buscar resolvê-las quando acontecem.

Figura 7.11 Níveis de comprometimento – Protagonismo

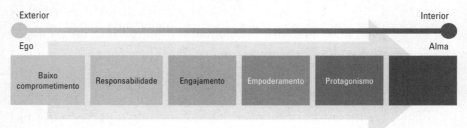

Fonte: elaborada pelo autor.

Enfim chegamos à *accountability*. Como vimos, não existe uma palavra ou expressão em português que descreva o seu significado, mas esse é o mais alto nível de comprometimento: quando a pessoa é alguém que, além de responsável, engajada, empoderada e protagonista, rompe as barreiras da atuação para além de sua própria área ou suas próprias responsabilidade e pensa e age como dono, buscando o melhor, e não apenas o possível, para todos.

Figura 7.12 Níveis de comprometimento – *Accountability*

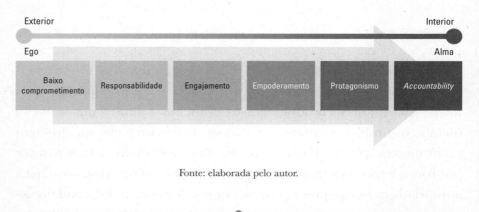

Fonte: elaborada pelo autor.

Eu estava ministrando um treinamento de liderança para gerentes e diretores e fiz uma atividade em que cartões com imagens foram espalhados pelo chão para que os participantes os visualizassem e pegassem. Depois que todos pegaram seus cartões, ainda restaram alguns no chão, que ficaram bem ao meu lado enquanto eu dava sequência à atividade.

Após poucos segundos, o diretor-geral da empresa me interrompeu e disse:

– Desculpe, mas se você pisar em um desses cartões, pode escorregar e se machucar, e nosso principal valor é a segurança. Vamos recolhê-los antes de continuar? – E imediatamente se levantou e começou a recolhê-los, seguido por vários participantes, incluindo o gerente de Segurança, que também participava do treinamento.

* * *

Em uma palestra para aproximadamente 300 pessoas, em determinado momento, como parte de uma atividade proposta, subi em uma cadeira. Mas, antes mesmo de completar a primeira frase em cima da cadeira, uma jovem lá no fundo, que depois eu soube que era estagiária, levantou-se, interrompeu-me e disse:

– Moço, o senhor não pode subir na cadeira pois corre o risco de se acidentar, e aqui nós zelamos pela segurança de todos.

Eu apenas desci da cadeira, agradeci, pedi desculpas e continuei a atividade com meus pés no chão.

.... • ....

Accountability independe de cargo, crachá ou posição; portanto, se você é um líder, nem é preciso dizer qual é o nível de comprometimento que se espera de você, certo? Contudo, se ainda não é um líder formal, acredite: o seu nível de comprometimento é que determinará se você um dia chegará lá, porque *accountability* envolve propósito, atitude de dono, *empowerment*, resiliência, visão sistêmica, paixão, cooperação, coragem e criatividade, comportamentos que se esperam de um verdadeiro líder, porque para quem não tem *accountability*, só lhe resta *desculpability, apontability, reclamability* e *acusability*.

Já ouvi algumas pessoas dizendo que essa coisa de "atitude de dono" é pura enganação, porque no final das contas quem ganha a maior parte do "bolo" são os que estão no topo da pirâmide. Isso não deixa de ser uma verdade, contudo, quando falo em agir como dono, ou ter atitude de dono, não espero que isso signifique "dono de fato", mas "dono moral", sentir-se parte, produzindo pensamentos e ações que demonstrem preocupação e cuidado com os lugares e as situações dos quais faz parte.

Não ter uma atitude de dono leva as pessoas a agir sem preocupação pelos lugares dos quais fazem parte. Basta perceber o tanto de gente que não tem a mínima preocupação com a limpeza da própria cidade onde vive, jogando lixo pela janela do carro, por exemplo. A depredação de trens é outro exemplo: as pessoas quebram aquilo que todos precisarão usar depois, não pensam nos outros e tampouco em si mesmas. Pura falta de visão sistêmica, atitude de dono e *accountability*.

Accountability envolve propósito, atitude de dono, *empowerment*, resiliência, visão sistêmica, paixão, cooperação, coragem e criatividade, comportamentos que se esperam de um verdadeiro líder.

Para pensar e agir com *accountability*, para fazer o melhor e não apenas o possível, é preciso compreender a **lei das três partes**: qualquer situação na vida tem uma parte de participação do ambiente, que algumas pessoas chamam de universo, força maior, e que eu particularmente acredito que seja Deus. Tem também mais uma parte de participação de outras pessoas e, por fim, uma parte de participação daquele que está diretamente envolvido na situação, ou seja, você. O tamanho de cada parte é diferente para cada evento da vida. Existem situações que dependem muito mais de Deus e de outras pessoas, e apenas um pouquinho de você, assim como existem resultados que dependem muito mais de você do que das outras duas partes.

Figura 7.13 Lei das três partes

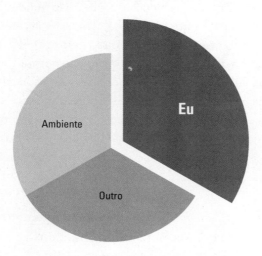

Fonte: elaborada pelo autor.

Aos 35 anos, depois de iniciar o ano de 2004 com uma vitória na Maratona de Hamburgo, Vanderlei Cordeiro de Lima dedicou-se à preparação para os Jogos Olímpicos de Atenas, sua terceira e última participação em Olimpíadas. A preparação foi feita na cidade colombiana de Paipa, com o acompanhamento do treinador Ricardo D'Angelo.

Ricardo, que não pertencia ao corpo de técnicos do Comitê Olímpico Brasileiro, não pôde estar com Vanderlei na largada e nos preparativos finais, por isso escreveu uma carta para o atleta, lida por Vanderlei na Vila Olímpica, antes de se dirigir à largada. A carta dizia: "Lembre-se da forte subida no quilômetro 30. Se você estiver se sentindo bem, arrisque, porque, se não arriscar, nunca vencerá. Minha confiança em você é imensa, então vamos lutar pelo objetivo com que sonhamos há tanto tempo. Não importa o que aconteça no fim, lembre-se que você sempre terá minha amizade e confiança, e também lembre-se de que eu o admiro pela pessoa maravilhosa que você é. Então, boa sorte, e vamos tomar uma cerveja juntos depois da corrida".

A maratona olímpica de Atenas tinha entre seus competidores alguns dos maiores nomes da história dessa prova, mas, a partir da metade do percurso, Vanderlei abriu vantagem sobre o pelotão e correu sozinho, liderando a disputa por mais de uma hora. Na altura do quilômetro 35, contudo, faltando sete quilômetros para a chegada, Vanderlei foi atacado por um ex-padre irlandês, que o tirou da pista. Ajudado pelos espectadores, ele voltou à prova, mas a perda de ritmo e concentração não permitiu que conseguisse manter a mesma velocidade e, nos quilômetros finais, acabou sendo ultrapassado pelo italiano Stefano Baldini e pelo norte-americano Meb Keflezighi.

Mesmo assim, Vanderlei entrou no estádio olímpico ovacionado pela plateia, fazendo seu conhecido gesto de "aviãozinho" com os braços enquanto cruzava sorridente a linha de chegada em terceiro lugar.[3]

.... ● ....

Você age com *accountability* quando, independentemente do tamanho da sua parte, se esforça para fazer o melhor a fim de que 100% dele aconteça, já que, quando decide não fazê-lo por entender que os resultados dependem muito mais de Deus e dos outros, coloca-se na condição de vítima, passa a reclamar e transbordar insatisfação, e acaba terceirizando sua própria felicidade. Eu acredito muito que Deus está no controle das coisas, mas ficar sentado no sofá esperando que Ele resolva a nossa vida não ajuda muito.

No caso do Vanderlei Cordeiro de Lima, depois de ter se preparado para a corrida mais importante de sua vida, encontrou algo inesperado pela frente. Ele poderia ter ficado por ali, reclamando, descontando sua frustração na pessoa que o atrapalhou, mas, mesmo sabendo que possivelmente não conseguiria mais chegar em primeiro lugar, fez 100% da sua parte, voltou à corrida e entregou o melhor resultado que poderia com os recursos que tinha nas mãos, aliás, nos pés. E também o fez Ricardo D'Angelo, seu técnico, que não pôde acompanhá-lo durante as Olimpíadas, e então decidiu fazer a sua parte, ainda que pequena, escrevendo uma carta de incentivo a Vanderlei.

Você reclama que sua empresa não é aquilo que gostaria que fosse? Que seu casamento não está legal? Que seu relacionamento com seus filhos está difícil? Que seu chefe não te entende? Que não tem oportunidades de crescimento? Gostaria de falar outro idioma fluentemente? Quanto da sua parte você tem realizado para que aquilo que deseja aconteça? Você pode até pensar: "Ah, mas depende muito pouco de mim!". E quanto você tem se dedicado a fazer 100% desse "pouco", daquilo que é a sua parte? Como disse Carl Jung: "Eu não sou o que aconteceu comigo; eu sou o que eu escolhi me tornar".[4]

Eu não sei o que você tem escolhido se tornar até agora, e tampouco conheço os resultados que tem entregue, mas de uma coisa eu tenho a mais absoluta certeza: aquilo que você deseja se tornar, o melhor líder que você pode ser e os melhores resultados que você pode entregar se tornarão verdade em sua vida quando a *accountability* também fizer parte dela.

Celebração

	CONFIANÇA		
Competência	**Confiança realizacional**		
Empowerment		Coletivo	
Accountability	O que você é capaz de realizar		
Celebração			
Capacidades			Caráter
		Individual	

Na história da humanidade, a celebração sempre ocupou, e continuará ocupando, um papel muito importante no nível de motivação e comprometimento das pessoas porque define ritualmente que um importante objetivo coletivo foi alcançado. A celebração constrói me-

> **A vida é feita de ciclos, e a celebração nos ajuda a encerrá-los, para que novos ciclos se estabeleçam.**

moriais de momentos significativos para povos, famílias, equipes e organizações, registrando na memória coletiva o caminho que os levou à conquista, tornando-os mais fortes, preparados e motivados para superar obstáculos e buscar novas vitórias.

Remuneração e benefícios, quando justos, ajudam a manter as pessoas motivadas, mas, como sabemos, por pouco tempo. Já a celebração, por ser um evento que envolve mais a emoção do que a razão, tende a sustentar a motivação por muito mais tempo porque, enquanto o dinheiro vai para o bolso, a celebração toca o coração.

A vida é feita de ciclos, e a celebração nos ajuda a encerrá-los, para que novos ciclos se estabeleçam. Nesse mundo acelerado em que vivemos, é comum finalizarmos projetos e atividades importantes, e trabalharmos fortemente na conquista de resultados, mas, quando os alcançamos, simplesmente passamos para o próximo e não paramos para ver quanto do que fizemos deu certo, quanto precisa ser celebrado e quanto podemos melhorar. Além disso, emendar um projeto no outro, sem parar, sem perceber o final de um ciclo, leva ao estresse, ao esgotamento e ao descontrole emocional. As pessoas ficam mais ansiosas, agressivas e irritadas, agem mais por impulso e, consequentemente, raciocinam menos. A celebração, portanto, além da sensação de dever cumprido, ajuda a fechar ciclos e possibilita a pausa necessária para garantir o bom funcionamento do cérebro.

> **A celebração, além da sensação de dever cumprido, ajuda a fechar ciclos e possibilita a pausa necessária para garantir o bom funcionamento do cérebro.**

E, por falar em cérebro, quando celebramos, a oxitocina, um hormônio que fortalece os relacionamentos, é liberada no cérebro, provocando uma maior conexão entre as pessoas, reforçando as relações de confiança.[5] Isso porque as pessoas se sentem acolhidas para tentar algo novo, cometer erros inéditos, ser quem realmente são, mostrar todo o seu potencial, compartilhar ideias, demonstrar vulnerabilidade e pedir ajuda quando necessário. Em equipes que mantêm fortes vínculos, as pessoas tendem a estar mais dispostas a correr riscos pelo outro, a se sacrificar, oferecer ajuda, ensinar novas tarefas, ouvir de verdade, e tudo isso tem grande influência na performance da equipe e nos resultados.

Celebrar ainda ajuda a ter mais autoconsciência sobre o que foi feito de certo e de errado, sobre aquilo que deve ser repetido ou modificado e, portanto, uma grande oportunidade para "afiar o machado" da equipe. A celebração também auxilia a guardar esses bons momentos na memória, aumenta a autoconfiança, demonstra que o resultado foi alcançado com a ajuda de todos, e amplia o senso de pertencimento.

.... • ....

Durante um treinamento, quando falávamos sobre a importância de celebrar as pequenas e as grandes conquistas com a equipe, um dos líderes presentes, um supervisor de produção, comentou que ele e sua equipe enfrentam muitos desafios para conseguir entregar mensalmente as quantidades solicitadas pela empresa, mas que normalmente conseguem chegar ao resultado com os níveis de qualidade e excelência esperados. Como reconhecimento pelo esforço de todos, independentemente de conseguirem bater a meta, todo início de mês, ele oferece, do próprio bolso, um café da manhã para a equipe. Todos chegam mais cedo e iniciam o dia com uma oração de agradecimento pelo resultado alcançado. Em seguida, ele agradece aos seus liderados pelo trabalho realizado, e todos tomam café, celebram juntos e reservam alguns minutos no final para conversar sobre o que deu certo e o que pode melhorar.

Esta, segundo ele, "é uma maneira simples, mas muito significativa para toda a equipe, de celebrar o que conquistaram juntos no mês anterior, de estarem juntos, de fortalecer a confiança, encerrar um ciclo, aprender com os erros e os acertos e iniciar um novo ciclo. É também para mim uma maneira de demonstrar gratidão às pessoas e fortalecer o senso de pertencimento de todos".

.... • ....

Quando é o líder quem promove a celebração, acrescenta-se a tudo um dos sentimentos mais poderosos na liderança e na construção de relações de confiança: a gratidão. Poucas coisas no mundo são mais encorajadoras do que uma demonstração de gratidão. Agradecer a alguém é como injetar coragem na alma de uma pessoa ou equipe, mantendo-a num ritmo constante de comprometimento e motivação. E a celebração é uma das melhores maneiras de demonstrar gratidão porque transforma palavras em ações.

Vencer uma guerra significa, de fato, ganhar várias pequenas batalhas, assim como após vários quilômetros de corrida é que completamos uma maratona. Por isso, é importante celebrar e demonstrar gratidão não apenas nas grandes conquistas, mas também nas pequenas, porque são elas que nos permitem seguir na jornada em direção ao triunfo.

Algo relacionado à celebração que, de fato, não reforça significativamente a confiança, mas só acontece quando ela está presente, é a diversão. Tenho um amigo que adora postar nas redes sociais fotos divertidas do seu cotidiano profissional com as seguintes palavras: "Mais um dia estressante de trabalho"; esta é apenas uma forma divertida de dizer que está feliz com o que está fazendo e com quem está fazendo. Quando percebemos as pessoas desfrutando de diversão verdadeira no ambiente de trabalho é muito provável que este seja um lugar de alta confiança, já que dificilmente existe diversão em ambientes de pouca confiança. A diversão reforça os laços da equipe, demonstra que estamos bem uns com os outros, que podemos tirar algum tempo para nos divertir, falar de amenidades, sem medo de sermos criticados por isso.

Além de conectar emocionalmente as pessoas, reforçar as relações de confiança e trazer todos os benefícios que acabamos de citar, a celebração permite que o **capital humano** se transforme em **capital cooperativo**, fazendo com que o individualismo dê lugar à soma das individualidades.

Como não poderia deixar de ser, o capital humano é formado pelas pessoas da organização que, segundo o discurso da maioria dos líderes, são o principal ativo de uma empresa. A questão é que essas pessoas, em geral, são contratadas e valorizadas por sua competência, conhecimento, experiência e comportamentos, recursos que serão colocados a serviço da organização, mas que são singulares e individuais. E, considerando o contexto exponencial, incontrolável, incessante, imprevisível e ágil em que vivemos atualmente, em que cooperação, agilidade para aprender, capacidade de trabalhar em equipes diversas, *accountability* e resiliência tornam-se cada vez mais importantes para a sobrevivência e o crescimento das organizações, o capital humano, os recursos singulares, por melhores que possam ser, já não são suficientes.

É preciso, portanto, que esse capital humano e individual se transforme em capital cooperativo, que a soma das individualidades forme um "estoque de recursos" do qual todos se beneficiem, criando uma inteligência coletiva em que não existe mais o "seu recurso" ou o "meu recurso", mas os "nossos recursos", o "nosso estoque de conhecimento", uma "inteligência coletiva", quando a independência é substituída pela interdependência, em que todos cooperam com o que têm de melhor e usufruem, ao mesmo tempo, do melhor de cada um. Isso só será possível em contextos onde existam muita confiança, celebração e gratidão.

Figura 7.14 Capital humano × Capital cooperativo

Fonte: elaborada pelo autor.

Até pouco tempo atrás, as palavras "cooperação" e "colaboração" tinham o mesmo sentido para mim, mas, durante um processo de coaching com o presidente de uma cooperativa de crédito, ele me convenceu de que existe uma sutil, mas importante, diferença. Para explicar, citou um exemplo interessante: na faculdade, quando o grupo tem que fazer um trabalho sobre determinado tema, em geral, cada membro do grupo pesquisa um pedaço, alguém junta tudo, organiza e formata para ficar coerente, e o grupo então apresenta. Isso é colaboração, todos participaram, mas não o fizeram juntos. Nesse caso, o senso de pertencimento é muito baixo; quando alguém termina sua parte e envia para o "responsável" é como se "lavasse as mãos": "A minha parte eu já fiz; agora é problema dele". Em geral, há pouca celebração porque as pessoas trabalharam de maneira isolada, com foco no resultado. Nesse caso, há muito capital humano, mas pouco capital cooperativo.

Na cooperação, as pessoas trabalham juntas, utilizando a inteligência coletiva; as ideias são discutidas, os conflitos produtivos são tratados e resolvidos, existem vulnerabilidade, complementaridade de competências e conhecimento, e alto senso de pertencimento porque todos constroem juntos o resultado. Celebração e gratidão fazem parte do contexto. Metaforicamente, se pensarmos na construção de uma parede, as pessoas representam os tijolos; juntos, cada um com suas características, organizados dentro de uma estrutura. O detalhe é que falta algo que conecte os tijolos, tornando essa parede mais forte, segura e preparada para enfrentar os temporais do dia a dia: falta argamassa. Essa é a diferença entre capital humano e capital cooperativo: sem a argamassa da confiança, ainda que os resultados apareçam, eles certamente ficarão muito aquém do que poderiam um dia se tornar, além de colocar em risco a perenidade da organização.

Espero, portanto, que você e sua equipe celebrem muito, que cresçam juntos, compartilhem o sucesso dos resultados, festejem as grandes e as pequenas conquistas, aprendam com os acertos e os erros, e uns com os outros, que cooperem muito, demonstrem gratidão e fortaleçam cada dia mais as relações de confiança.

Com isso, chegamos ao fim das 4 dimensões da confiança.

	CONFIANÇA			
Competência	**Confiança realizacional** O que você é capaz de realizar	Coletivo	**Confiança interpessoal** Como você trata as pessoas	Proximidade
Empowerment				Interesse genuíno
Accountability				Empatia
Celebração				Equidade
Capacidades			Caráter	
Autoconhecimento	**Autoconfiança** Quem você é	Individual	**Confiança pessoal** Como você vive	Honestidade
Vulnerabilidade				Integridade
Autoestima				Transparência
Autenticidade				Ética

Conversamos sobre muita coisa, não é mesmo? Espero que essas reflexões o ajudem a se tornar um líder cada vez melhor, por meio do fortalecimento da autoconfiança, da coerência entre suas palavras e suas ações, do cuidado com as pessoas, e da ampliação constante de suas competências técnicas e de liderança, fazendo da confiança a sua mais poderosa aliada.

Se quiser testar como anda o seu nível em cada uma das dimensões da confiança, faça o teste disponível no link http://somos.in/OFCF1.

Construa um lugar onde não seja necessário ter todas as respostas porque estas fazem parte de uma inteligência coletiva que estará disponível a todos, o tempo todo. Um ambiente livre de medo, onde as pessoas possam ser elas mesmas, assumir seus erros com naturalidade, aprender com eles e fazer melhor da próxima vez porque só assim, desprovidos de medo, os talentos singulares oferecerão o seu melhor em prol de um propósito maior e mais significativo para todos.

Seja íntegro, alinhe suas ações aos seus valores, a suas palavras e ao seu coração para que suas atitudes falem mais alto do que suas palavras. Importe-se genuinamente com as pessoas, cuide delas e faça com que sejam prioridade na sua agenda. Nunca deixe de se preparar, de buscar conhecimento, de se atualizar naquilo que é mais importante para realizar o seu trabalho e entregar os melhores resultados.

E, finalmente, lembre-se de que é preciso plantar para depois colher; portanto, semeie confiança na vida das pessoas, ainda que não esteja seguro de que um dia colherá seus frutos. Se, por algum motivo, você decide não confiar em alguém, isso não faz dessa pessoa alguém menor, mas quando decide dar um voto de confiança a uma pessoa, mesmo que não haja merecimento, você se torna um ser humano muito maior.

8
Confiança e modelos mentais

Somos aquilo em que acreditamos

Confiança é um ato de fé; é preciso crer para ver.

Quando falamos sobre autenticidade, na dimensão da autoconfiança, apresentei o conceito dos níveis neurológicos. Agora vou utilizá-lo novamente, mas para conversarmos sobre crenças e valores: os modelos mentais.

Figura 8.1 Níveis neurológicos

Fonte: adaptada de Robert Dilts, "A Brief History of Logical Levels".

No livro *A quinta disciplina*, Peter Senge defende: "Modelos mentais são pressupostos profundamente arraigados, generalizações, ilustrações, imagens ou histórias que influem na nossa maneira de compreender o mundo e nele agir". Modelos mentais são aquelas historinhas que contamos para nós mesmos antes de fazer alguma coisa; são formados por nossas crenças e valores e definem como iremos perceber a vida, as pessoas e o mundo, como nos sentiremos e pensaremos sobre aquilo que percebemos, e, finalmente, como agiremos.

Se você, por exemplo, conhece uma pessoa e, por algum motivo, acredita que ela não é confiável, suas atitudes e comportamentos serão completamente diferentes do que seriam se pensasse o contrário. E não é o fato de essa pessoa ser ou não confiável – mesmo porque você não pode afirmar se isso é verdade ou não – que o levará a se comportar de maneira desconfiada, mas aquilo que você acredita a respeito dela, ou seja, é a sua verdade sobre ela, ainda que não possa ser provada, que o faz agir dessa maneira.

Figura 8.2 Modelo mental

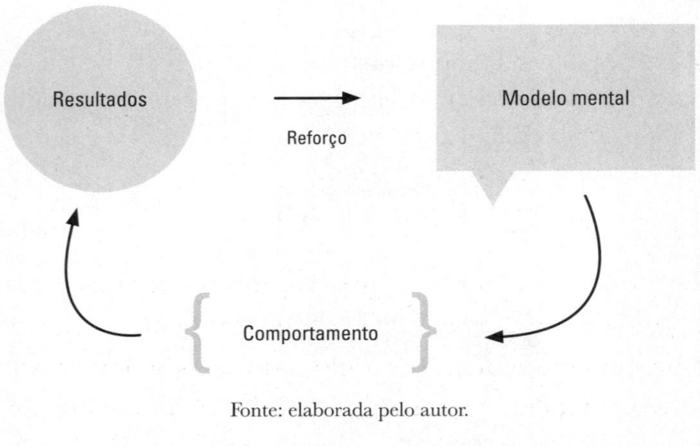

Fonte: elaborada pelo autor.

O mais interessante é que, além de agirmos de acordo com aquilo em que acreditamos, inconscientemente agimos para que as nossas verdades se tornem realidade, fazendo com que nossos modelos mentais se transformem em uma profecia autorrealizável. Observando a Figura 8.2, nota-se que, se você desconfia de alguém (modelo mental), então age de maneira desconfiada (comportamento); percebendo que você está desconfiado, a outra pessoa também desconfia e decide se afastar da relação (resultado). No final, você diz: "Eu já sabia!" (reforço). Uma profecia que, inconscientemente, você mesmo realizou!

.... • ....

Um homem comprou um quadro novo e, quando foi pendurá-lo, percebeu que não tinha um martelo. Pensou, então, em pedi-lo emprestado ao vizinho, mas subitamente foi tomado por pensamentos:
"E se o vizinho não quiser me emprestar o martelo? Ontem ele foi meio 'seco' ao me cumprimentar. Será que ele tem alguma coisa contra mim? Poxa, mas o que eu fiz pra ele? Ele deve estar imaginando coisas. Se algum vizinho viesse me pedir uma ferramenta emprestada, eu emprestaria imediatamente. Por que ele não quer me emprestar o martelo? Como é que alguém pode recusar um simples favor ao seu vizinho? Gente assim só complica a nossa vida. É por isso que o mundo está desse jeito! Na certa, ele imagina que eu dependo dele só porque ele tem um martelo. Ah, esse cara vai se ver comigo!"
O homem então caminhou rapidamente até o apartamento do vizinho, tocou a campainha e, quando o vizinho abriu a porta, antes que este pudesse dizer qualquer palavra, gritou:
– Pode ficar com o seu martelo! Egoísta![1]

.... • ....

O fato é que nós criamos as nossas próprias verdades e, ao longo da vida, por meio de experiências, educação, cultura, histórias que vivemos ou ouvimos, enfim, por tudo o que nos acontece, vamos formando nossos modelos mentais, um repositório ambulante de crenças que, por serem inconscientes, nos levam muitas vezes a agir em uma ou outra direção, sem que sequer saibamos o porquê. É por isso que um modelo mental, apesar de ser uma verdade para quem o tem, não é uma verdade absoluta e, portanto, pode e, na grande maioria das vezes, deve ser questionado.

Como você pode observar na figura dos níveis neurológicos (Figura 8.1), os ambientes podem nos trazer limites – como atravessar uma parede ou caminhar sobre a água; já os modelos mentais nos impõem limitações porque só conseguiremos avançar até onde acreditamos que podemos ir.

.... • ....

Duas crianças patinavam sem a menor preocupação sobre um lago congelado. De repente, o gelo se rompeu e uma das crianças caiu na água, deslizando para baixo da camada de gelo intacta. A outra criança, percebendo o desespero de seu amiguinho que se afogava debaixo do gelo, imediatamente tirou um de seus patins e, com a lâmina, começou a golpear o gelo com todas as suas forças. Em poucos segundos ele conseguiu quebrá-lo e salvar o amigo.

Quando os bombeiros chegaram e viram o que havia acontecido, um deles perguntou ao menino:

– Como você conseguiu fazer isso? É impossível para uma criança quebrar este gelo tão espesso com uma lâmina e mãos tão pequenas!

Neste momento, passava pelo local um ancião que, ao ouvir a pergunta do bombeiro, respondeu:

– É que não havia ninguém ao seu redor para lhe dizer que ele não seria capaz de fazê-lo.[2]

.... • ....

Talvez você esteja se perguntando o porquê de falarmos sobre modelos mentais quando o tema principal é a confiança. A resposta é simples: porque aquilo em que você acredita sobre confiança é que determinará se, e como, ela fará parte da sua vida. Por isso, para que o que conversamos sobre confiança se estabeleça em seu dia a dia, é preciso que você acredite ou passe a acreditar que vale a pena confiar e ser confiável.

Como os modelos mentais são, na sua maioria, inconscientes, o primeiro passo é trazer à consciência aquilo que você pensa sobre confiança. É provável que você já tenha ouvido alguém externar seus modelos mentais sobre confiança no dia a dia, e alguns deles podem estar entre os exemplos a seguir:

- Quando a esmola é demais, até o santo desconfia.
- A confiança é a mãe das decepções.
- Confiança quebrada, nunca recuperada.
- Confiança é boa, mas controle é melhor.
- A vida e a confiança só se perdem uma vez.
- Quem não confia não é de confiar.
- Confiar no futuro, mas pôr a casa no seguro.

Então, quais são os seus modelos mentais sobre confiança? Como você completaria a frase "Sobre confiança, eu acredito que..."? Se possível, anote tudo que vier à sua cabeça, e em seguida reflita sobre quanto isso o aproxima ou o afasta do líder que você quer se tornar. Se esses pensamentos o aproximarem da sua identidade como líder e do legado que você quer deixar, perfeito. Mas, se o afastarem, troque de modelo mental.

Lembre-se, o modelo mental é seu, não é uma verdade absoluta; portanto, pode ser questionado e substituído por outra verdade. E como funciona esse processo de troca de modelo mental? Eles se estabelecem em nossa vida, principalmente, por meio de experiências. Se, em algum momento, você confiou em alguém, por exemplo, e foi traído, essa experiência pode produzir um modelo mental do tipo: "De agora em diante, não devo confiar em mais ninguém", levando-o a comportamentos de desconfiança e proteção nas relações.

Lembre-se, o modelo mental é seu, não é uma verdade absoluta; portanto, pode ser questionado e substituído por outra verdade.

Então, uma vez que você esteja consciente do seu modelo mental e sabendo que ele o afasta do líder que deseja se tornar, pergunte-se: "Qual é o modelo mental que me aproximaria do líder que quero ser?". Com a resposta, faça uma segunda pergunta: "Como eu agiria se acreditasse nisso?". Comece, então, a agir assim, mesmo que ainda não acredite completamente nesse novo modelo mental, porque são as novas experiências que o ajudarão a substituir o antigo modelo mental pelo novo, já que eles são formados por suas vivências.

> Assim como acontece com quase tudo na vida, na confiança, o bom senso e o equilíbrio também ajudam muito.

Um modelo mental que entrou em sua vida por causa de uma experiência precisa de uma nova experiência para ser substituído. O problema é que nós estamos acostumados a ver para crer, mas neste caso será preciso crer para ver. Começar a agir como se acreditasse nesse novo modelo mental fará com que ele, aos poucos, substitua o antigo. E, depois de um tempo, Shazam! O velho modelo mental terá ido embora e o novo estará firme e forte, levando-o a comportamentos alinhados com o líder que você quer se tornar.

Só não pense que estou tentando induzi-lo a confiar cegamente em tudo e em todos. Assim como acontece com quase tudo na vida, na confiança, o bom senso e o equilíbrio também ajudam muito. Stephen M. R. Covey traz em seu livro *A confiança inteligente* algumas dicas em relação a "acreditar na confiança", levando-nos a refletir sobre como enxergamos as pessoas.

Por isso, pensar a respeito de como você enxerga as pessoas o ajuda a entender melhor qual é o seu modelo mental predominante e como ele está afetando a sua vida e os seus resultados. Considere as declarações da Tabela 8.1, que representam, de um lado, a confiança cega e, do outro, a falta de confiança. Com qual dos dois lados você se identifica mais? Você reage de maneira distinta em situações diferentes? Como você tende a enxergar os outros?

Tabela 8.1 Confiança cega × Falta de confiança

Confiança Cega Lente da Ingenuidade	Falta de Confiança Lente da Suspeita
Confio nas pessoas com muita facilidade e acredito em tudo o que elas dizem. Como consequência, frequentemente sou enganado.	Basicamente, suspeito das pessoas e questiono tudo o que elas me dizem.
Nunca verifico quem são as pessoas ou o que elas dizem para mim; sempre suponho o melhor.	Sempre sinto que tenho que investigar a credibilidade das pessoas e confirmar o que elas dizem.
Compartilho informações franca e irrestritamente a respeito de qualquer coisa.	Acredito que informação é poder. Retenho as informações o máximo possível e só as libero com moderação.
Aceito todas as pessoas como confiáveis e me sinto à vontade com a ideia de trabalhar de maneira franca com qualquer pessoa.	As pessoas têm de ganhar minha confiança antes de eu estar disposto a trabalhar com elas.
Confio que as pessoas fazem o que dizem que vão fazer e não vejo motivo para questionar.	Supervisiono rigidamente meus liderados, cônjuge, filhos etc. e verifico detalhada e frequentemente o trabalho deles.

Fonte: adaptada de *A confiança inteligente*, de Stephen M. R. Covey.

Qual lente está mais presente em sua vida? Que experiências podem tê-lo levado a enxergar o mundo através das lentes da confiança cega ou as da falta de confiança? Pode ser que você use lentes "bifocais": a da confiança cega com sua família e a da falta de confiança com as pessoas do trabalho. O fato é que existe um alto custo tanto em relação à confiança cega como em relação à falta de confiança. E, independentemente de quais são as lentes da confiança que está utilizando para enxergar o mundo, nenhuma dessas duas abordagens é sustentável no longo prazo. Os dois extremos podem trazer perdas financeiras, sociais e emocionais.

A confiança inteligente, segundo Covey, incorpora dois fatores básicos, um mais emocional e outro racional. O primeiro fator é a **propensão a confiar**, mais conectado ao coração, às emoções, e o segundo é a **análise**, que coloca os nossos pés no chão e nos puxa um pouco mais para um pensamento racional. A combinação desses dois fatores é que torna a confiança mais inteligente.

Figura 8.3 Confiança inteligente

	Baixa Propensão a confiar	Alta
Alta Análise	Desconfiança	Confiança inteligente
Baixa	Nenhuma confiança	Confiança cega

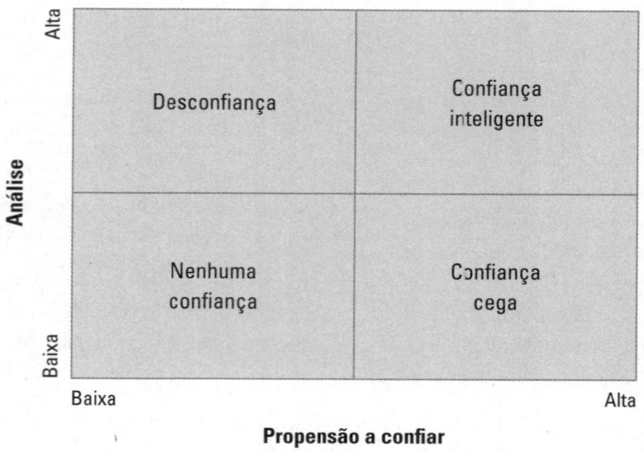

Fonte: adaptada de *A confiança inteligente*, de Stephen M. R. Covey.

Propensão a confiar: tem a ver com o viés, a inclinação ou o desejo de confiar nas pessoas. Como vimos, as experiências que tivemos na vida podem nos condicionar a ser mais propensos a confiar nas pessoas ou não. Estar propenso a confiar é, em geral, o melhor ponto de partida para a confiança inteligente; apenas não devemos desconsiderar a análise.

Análise: se deixarmos apenas por conta da propensão a confiar, que está mais conectada com a emoção, podemos não fazer as melhores escolhas; por isso, a análise entra em cena: nossa capacidade de avaliar, estimar e considerar as implicações e as consequências, incluindo o risco. As variáveis da análise são:

- **Oportunidade:** identificar claramente em relação a que você está confiando em alguém. Se vai delegar algo, por exemplo, que oportunidades existem nessa situação? A proximidade da

pessoa, a demonstração de confiança de sua parte, a oportunidade de a pessoa mostrar que pode fazer um bom trabalho, a oportunidade de a pessoa errar e aprender com o erro etc. O que eu ganho? O que os outros ganham?
- **Risco:** confiar é, por essência, assumir riscos; não confiar, também. Avalie os riscos envolvidos, sua amplitude e seus impactos. Quais são os riscos envolvidos? São altos ou baixos? Considerando ainda a possibilidade de delegar uma atividade, se o risco de perda, caso essa atividade não seja bem executada, for grande, você não deixará de confiar, mas fará um acompanhamento mais próximo daquilo que está sendo executado pela outra pessoa, certo?
- **Credibilidade:** bem, aqui entram as 4 dimensões da confiança. Essa pessoa demonstra autoconfiança, honestidade, integridade e competência, enfim, demonstra credibilidade para atuar naquilo que se propõe a participar ou fazer?

O quadrante da confiança inteligente é o único lugar que combina coração e mente e, portanto, é o lugar mais sensato para iniciar, construir e manter uma relação de confiança. É a zona que traz discernimento e bom senso para aumentar as chances de obtermos sucesso nas relações. Isso não significa, contudo, que não cometeremos erros. Mesmo contando com todos esses critérios para assegurar mais assertividade nas escolhas, confiança sempre será um ato de fé.

Embora nos ajude a confiar de maneira mais sensata, a matriz da confiança inteligente é apenas um lado da moeda; precisamos também compreender que do outro lado a pessoa está igualmente com seu "radar" ligado, e talvez esteja fazendo você passar pelo mesmo processo; portanto, é preciso também oferecer à outra pessoa alguém em quem ela possa confiar.

Isso passa necessariamente pelas 4 dimensões da confiança, que são reforçadas pelo que Covey chama de as **cinco ações para a con-**

fiança inteligente. Vejamos quais as ações que líderes que agem para construir confiança adotam em seu dia a dia de maneira consistente:

Figura 8.4 Cinco ações para a confiança inteligente – Ação 1

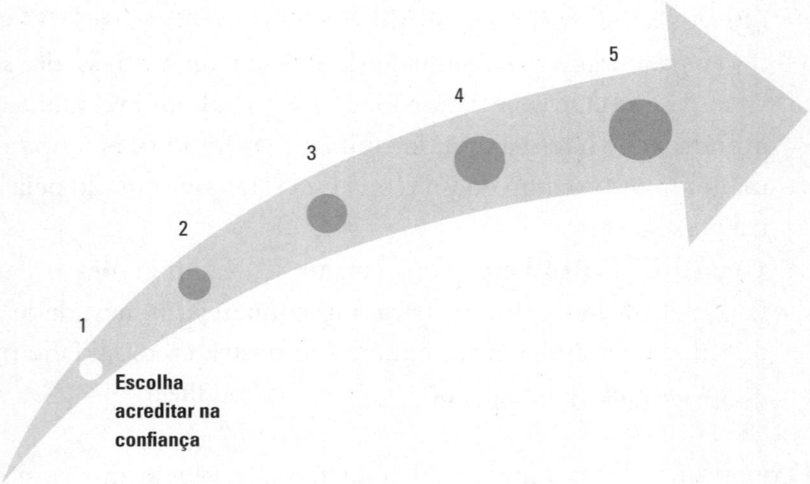

1 Escolha acreditar na confiança

Fonte: adaptada de *A confiança inteligente*, de Stephen M. R. Covey.

Ação 1: o líder escolhe acreditar na confiança. Esse é o modelo mental básico e o alicerce da construção de relações de confiança na liderança.

Perguntas importantes
1. O que suas ações revelam a respeito de seus modelos mentais acerca da confiança? Como suas crenças podem estar afetando os resultados que você está colhendo em sua vida?
2. Que evidência você percebe – ou os outros percebem em você – que sugere que você acredita em uma ou mais das afirmações a seguir?

a) É importante ser digno de confiança.
b) A maioria das pessoas merece confiança.
c) Confiar é a melhor maneira de liderar.
3. Que evidências percebe que podem fazer você ou os outros acharem que vocês têm modelos mentais diferentes?
4. Que efeito você acha que seus modelos mentais estão tendo sobre a maneira como interage com os outros e sobre a sua prosperidade, energia e alegria?

Figura 8.5 Cinco ações para a confiança inteligente – Ação 2

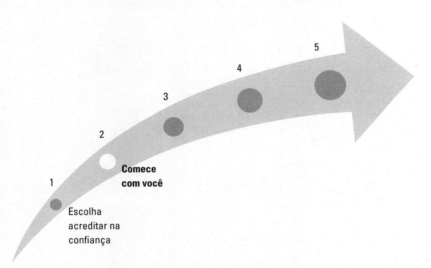

Fonte: adaptada de *A confiança inteligente*, de Stephen M. R. Covey

Ação 2: o líder sabe que a confiança começa nele e trabalha duro para aumentar sua credibilidade nas 4 dimensões da confiança, especialmente na da autoconfiança, para que possa confiar em si mesmo e dar aos outros uma pessoa em quem eles podem confiar.

Perguntas importantes
1. Até que ponto você está dando às pessoas – incluindo você mesmo – alguém em quem elas podem confiar?
2. Que passos você pode dar para melhorar seu autoconhecimento, autenticidade, honestidade, integridade, interesse genuíno, empatia e competência, e assim aumentar a probabilidade de as pessoas confiarem em você?

Figura 8.6 Cinco ações para a confiança inteligente – Ação 3

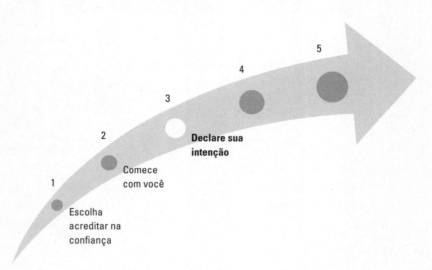

Fonte: adaptada de *A confiança inteligente*, de Stephen M. R. Covey.

Ação 3: o líder declara sua intenção e assume que, em princípio, os outros também têm uma intenção positiva. Ele alinha as expectativas e se comunica de maneira transparente, declarando aos outros suas boas intenções.

Perguntas importantes
1. Você já supôs motivos negativos em relação a alguém? Já se surpreendeu descobrindo que sua suposição estava errada?
2. Você normalmente declara às pessoas as suas intenções, ou acredita que elas já sabem ou mesmo que são obrigadas a saber?
3. Se você não estiver satisfeito com sua intenção, como poderá mudá-la? Qual é o custo da mudança? Qual é o custo de não mudar?

Figura 8.7 Cinco ações para a confiança inteligente – Ação 4

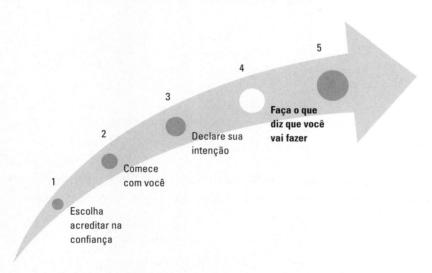

Fonte: adaptada de *A confiança inteligente*, de Stephen M. R. Covey.

Ação 4: o líder faz o que disse que faria; age com integridade.

Perguntas importantes
1. Até que ponto a confiança das pessoas em você é afetada quando você faz o que disse que ia fazer ou quando não faz?

2. Quanto as suas palavras estão alinhadas aos seus comportamentos e àquilo que você declara que vai fazer?

Figura 8.8 Cinco ações para a confiança inteligente – Ação 5

Fonte: adaptada de *A confiança inteligente*, de Stephen M. R. Covey.

Ação 5: o líder começa confiando nos outros. Ele é o primeiro a confiar e, com essa postura, faz que o mesmo aconteça do outro lado.

Perguntas importantes
1. Pense em uma ocasião em que alguém confiou em você. Que resultados positivos isso produziu? Como ajudou a desenvolver sua confiabilidade? Isso o inspirou a confiar na pessoa que confiou em você ou a estender a confiança para mais alguém?
2. Pense em sua família, sua comunidade, sua equipe de trabalho ou sua empresa: o que seria diferente se você estivesse atuando com os outros numa cultura de alta confiança?
3. Para quem você pode oferecer sua confiança?

Reconstruindo a confiança

Outro dia, conversando sobre confiança com alguns líderes, um deles comentou: "Para mim, é bem simples: pisou na bola uma vez, não tem segunda chance! A pessoa deixa o grupo daqueles em que confio e vai para o grupo dos que desconfio e controlo. Confiança é como vidro; uma vez quebrado, não dá pra colar". O que você pensa sobre isso?

Obviamente não sei qual é a sua resposta, mas, antes de escrevê-la em pedra, reflita um pouco mais: você já quebrou a confiança de alguém em algum momento da sua vida? Já deixou de entregar algo que alguém estava esperando? Disse que ia fazer algo e não fez? Falou alguma mentira ou decepcionou alguém? Você gostaria, apesar de haver traído a sua confiança, que essa pessoa lhe desse uma segunda chance? E nos casos em que você teve uma segunda chance, o que fez de diferente?

Como seres humanos, temos a estranha tendência de julgar os outros por suas ações e a nós mesmos pelas intenções, o que, consequentemente, nos leva a ser mais duros e rígidos com os outros e bonzinhos e flexíveis conosco. Você já imaginou se não houvesse "segundas chances" em nossa vida? Nossos pais teriam nos abandonado na primeira mentira, nossos amigos se afastariam no primeiro compromisso não cumprido, os casamentos não durariam mais do que uma semana, o *turnover* nas empresas seria incontrolável, e o mundo entraria em colapso, porque este mundo é repleto de seres humanos imperfeitos, como você e eu, que sempre precisarão de um voto de confiança e uma nova chance para continuar vivendo e convivendo.

O fato é que modelos mentais como "Confiança é como vidro; uma vez quebrado, não dá pra colar", "A confiança é a mãe das decepções" e "A vida e a confiança só se perdem uma vez" não ajudam em nada na construção de relações de confiança, porque é praticamente impossível que não decepcionemos ou sejamos decepcionados por alguém. E, provavelmente, nossas principais vítimas serão as pessoas com quem mais convivemos. Por isso, se não acreditarmos que é possível reconstruir a confiança, restam-nos apenas duas possibilidades: isolar-nos das pessoas e do mundo ou ter uma vida muito infeliz, repleta de relacionamentos superficiais.

Por isso, considerando tudo o que conversamos até agora, meu convite é que você acredite que sim, que é possível reconstruir a confiança, e que todo ser humano merece uma segunda chance.

..................................●......................................

Há algum tempo, uma das melhores e mais comprometidas colaboradoras da nossa empresa, por motivos pessoais, começou a mudar seu comportamento e atitudes (para pior), até que em determinado momento, subitamente, decidiu sair da empresa, deixando-nos literalmente "na mão", e com muitos problemas bem complicados para resolver.

O tempo passou, ela tentou outros trabalhos que não deram certo, até que entrou em contato conosco para ver se havia alguma possibilidade de retornar. Nós conversamos internamente e decidimos dar um voto de confiança.

Ela voltou ainda mais comprometida que da primeira vez e hoje é um exemplo de engajamento, proatividade, cooperação, lealdade, amizade, excelência e entrega de resultados.

..................................●......................................

Erros fazem parte da jornada de aprendizado e crescimento, e todos nós cometeremos um montão deles durante a vida. É por isso que a melhor decisão é sempre a próxima, aquela que ainda não tomamos, porque ela certamente será beneficiada pelas reflexões que os acertos e os erros das decisões anteriores provocarão em nós. Todos nós iremos colher aquilo que plantamos, mas, se o fruto que colhemos não for bom, temos o direito de plantar novas sementes e esperar por novos e melhores frutos. Se quisermos construir um mundo melhor, precisamos dar esse direito a nós mesmos e aos outros.

Se alguém "pisa na bola" com você e o decepciona, o que você pensa sobre isso? O que faz a respeito? Pode ser que essa pessoa esteja apenas esperando uma segunda chance, um voto de confiança para que novos e melhores frutos apareçam e tudo se torne ainda melhor do que antes. Pode ser uma oportunidade de desenvolver sua capacidade de perdoar e de aprender algo com a situação.

Todos nós iremos colher aquilo que plantamos, mas, se o fruto que colhemos não for bom, temos o direito de plantar novas sementes e esperar por novos e melhores frutos. Se quisermos construir um mundo melhor, precisamos dar esse direito a nós mesmos e aos outros.

Se você quebrou a confiança de alguém, faça sua parte. Assim que julgar apropriado, procure a pessoa para conversar, abra seu coração, seja vulnerável e autêntico, demonstre honestidade, integridade, transparência e interesse genuíno por ela e pelo relacionamento. Peça um voto de confiança, demonstre arrependimento e, seja qual for a resposta que receber, faça diferente daquele momento em diante. Com o passar do tempo, ainda que a pessoa não lhe conceda uma segunda chance no momento da conversa, ela perceberá que você é alguém em quem se pode confiar.

Espero que tenha ficado clara a importância dos modelos mentais na construção de relações de confiança, e, principalmente, que você esteja refletindo sobre os seus próprios modelos mentais. Busque reservar algum tempo do seu dia, ainda que sejam poucos minutos, para pensar sobre os seus pensamentos, porque isso o ajudará não só nas relações de confiança, mas na vida.

9
Confiança e neurociência

O cérebro é desconfiado

A CONFIANÇA É CONTAGIANTE; A FALTA
DE CONFIANÇA, TAMBÉM.

Apesar de não ter sido mencionada com frequência nas páginas deste livro, a neurociência é a base científica e a grande fonte de inspiração para tudo o que conversamos, porque traz recentes e importantes descobertas para que líderes, estejam eles em casa, nas organizações, nas repartições públicas ou nas comunidades, possam contribuir de maneira mais efetiva para a construção de um mundo melhor para todos e com melhores resultados para as organizações.

A neurociência tem sido um dos principais temas corporativos nos últimos anos porque evoluiu exponencialmente, graças ao aperfeiçoamento dos equipamentos de imagens que permitem aos neurocientistas estudar o cérebro de pessoas vivas em funcionamento. O estudo de cérebros vivos traz importantes descobertas e ferramentas que permitem ao líder compreender melhor as principais motivações e a origem dos comportamentos de seus liderados e, com base nesse novo conhecimento, melhorar o clima organizacional e o desempenho das pessoas e, consequentemente, os resultados que elas entregam.

Como nosso foco principal é a confiança, iremos conversar sobre o impacto das descobertas da neurociência acerca de como a confiança se processa no ser humano e o que podemos fazer a fim de potencializá-la nas relações. Para isso, precisaremos conhecer algumas características básicas do cérebro e seu funcionamento para depois então "conectarmos os pontos". Então vamos a elas.

O cérebro é naturalmente negativo e desconfiado

A principal função do cérebro humano é nos manter vivos; portanto, ele é naturalmente mais sensível a notícias desagradáveis. Já nos primeiros meses de vida, o cérebro codifica experiências negativas em memórias de longa duração em, no máximo, um segundo. Já a codificação de experiências positivas pode levar até 12 segundos.[1] Pesquisas demonstram que o cérebro é obcecado por problemas e que é preciso haver de cinco a dez resultados positivos para igualar um resultado negativo. Enfim, o cérebro tem mecanismos muito mais evoluídos para detectar ameaças do que para perceber recompensas e, portanto, tem uma tendência natural a desconfiar de tudo e esperar pelo pior.

.... • ....

Outro dia, ao participar de uma reunião com um cliente numa das concorridas salas da empresa, a conversa se estendeu mais do que o previsto. Pelo vidro, podíamos observar do lado de fora a movimentação daqueles que esperavam para ocupar a sala no horário que haviam reservado e que havia sido "invadido" por nós. Subitamente, alguém abriu a porta e colocou a cabeça pela fresta, e, antes mesmo que ele dissesse qualquer palavra, começamos a fechar nossos computadores e a recolher as coisas para deixar a sala, porém, ele nos interrompeu e disse:

– Desculpem, mas é só pra avisar que vocês podem continuar com a reunião por mais alguns minutos, a pessoa que estou esperando ainda não chegou.

Todos respiramos aliviados, abrimos novamente os computadores e seguimos com a reunião, ainda um pouco preocupados com uma provável interrupção a qualquer momento, que foi exatamente o que aconteceu poucos

minutos depois. A mesma pessoa abriu a porta e, antes que dissesse uma única palavra, começamos, mais uma vez, a recolher as coisas, fechar os computadores e nos preparar para deixar a sala, quando ele sorriu e disse:
– A minha reunião foi cancelada. Vocês podem continuar utilizando a sala.
Nós nos entreolhamos, sorrimos, e seguimos com a reunião.

O cérebro é econômico

O cérebro consome aproximadamente 25% de toda a nossa energia corporal, ou seja, apesar de pequeno, demanda muita energia, principalmente quando precisa pensar e fazer novas conexões. Por esse motivo, a configuração padrão do cérebro é de economizar energia, o que nos leva a permanecer numa certa zona de conforto e a utilizar as conexões que já existem. Essas conexões, por sua vez, nos conduzem aos mesmos comportamentos. Em outras palavras, mudar comportamentos e hábitos precisa ser uma iniciativa consciente, já que, inconscientemente, a tendência do cérebro é deixar as coisas como estão, pois isso é mais confortável (e menos cansativo) do que ter que aprender a lidar com situações inéditas.[2]

O cérebro faz suposições

Se faltar alguma informação, não tenha dúvida de que o cérebro a completará automaticamente. Então, vejamos o que temos até aqui: sabemos que o cérebro é naturalmente desconfiado; que, quando não tem informações suficientes sobre algo ou alguém, tende a completá-las e o faz com o objetivo de se proteger de possíveis ameaças. Ao conhecer uma pessoa, por exemplo, por não termos informações suficientes sobre ela, a tendência é desconfiar ou, no máximo, "confiar desconfiando". E se, por azar, essa pessoa tiver alguma característica que a conecte com uma má experiência do passado, seja por causa de nome ou fisionomia, imediatamente o cérebro liga o "desconfiômetro".[3]

O cérebro é social

Como destacamos em vários pontos do livro, somos seres sociais; não apenas vivemos, mas convivemos. E isso acontece porque a integração social é um dos impulsos centrais do cérebro humano. É por isso que a necessidade de pertencer e se sentir seguro é tão importante para nós: segurança só acontece em contextos nos quais a confiança está presente. Conectando um pouco mais os pontos, temos aqui a explicação científica da hierarquia cerebral que apresentei no início do livro, quando conversamos sobre as 4 dimensões da confiança. As pessoas estarão abertas e habilitadas para a mudança, para se tornar uma versão melhor de si mesmas, somente quando os níveis de sobrevivência e pertencimento estiverem resolvidos, e o líder é o principal responsável por criar esse contexto.[4]

O cérebro é muito mais emocional do que racional

Quando pensamos em "cérebro", normalmente o associamos à inteligência e à razão; contudo, a neurociência mostra que o cérebro é muito mais emoção do que razão. Segundo os neurocientistas, a proporção é de aproximadamente 80% emoção e apenas 20% razão. Por isso, todas as informações que capturamos através de nossos sentidos chegam primeiro à parte emocional do cérebro, que decide o que fará com elas. Se o cérebro desconfiar que tal situação nos oferece algum tipo de ameaça ou risco, essas informações tenderão a ser processadas apenas pela parte emocional do cérebro, levando-nos a agir e tomar decisões pouco racionais.[5]

O cérebro odeia a frustração

O cérebro precisa de previsibilidade e, portanto, gosta de saber "o que vem a seguir", principalmente porque uma das condições cognitivas mais tóxicas ao cérebro ocorre quando a realidade experimentada é incompatível com a esperada; em outras palavras, o cérebro odeia frustrações. Esse é um dos motivos pelos quais destaquei a importância do alinhamento de expectativas, porque o que frusta as pessoas não é o que acontece, mas o fato de que esses acontecimentos, bons ou ruins, não eram esperados. A falta de alinhamento de expectativas, portanto, aumenta a probabilidade de as frustrações acontecerem e isso compromete diretamente confiança.[6]

O cérebro é plástico

Bem, depois de ler todas essas informações sobre o cérebro, talvez você esteja pensando que o estabelecimento de relações de confiança é uma das tarefas mais desafiadoras do planeta, mas não se desespere! Apesar de todas essas características que dificultam a construção de confiança, o cérebro tem uma característica fascinante e que pode ajudar a mudar tudo isso: ele é plástico e, portanto, educável.

A plasticidade cerebral é uma incrível propriedade do nosso sistema nervoso central de modificar a organização estrutural e funcional do cérebro. Nosso cérebro é muito mais maleável do que se imaginava antes das recentes descobertas da neurociência, que comprovam que o cérebro permanece mutável e adaptável durante toda a vida, inclusive na velhice.

Ao pensarmos no cérebro como um conjunto de caminhos e conexões dinâmicas, sempre que fazemos, pensamos ou sentimos algo cujos caminhos já são bem conhecidos, a tendência é que o cérebro os adote. Esses são os nossos hábitos, nossa maneira natural de fazer, pensar e agir. Quanto mais passamos por esse caminho, mais forte e conhecido ele fica, reforçando a tendência de continuar seguindo-o.

Contudo, quando pensamos de modos diferentes, fazemos algo diferente ou sentimos emoções novas, criamos novos caminhos cerebrais; se continuarmos seguindo nesse novo caminho, utilizando-o com maior frequência, com o tempo, o novo jeito de fazer, pensar ou sentir torna-se mais forte. Ao persistirmos em utilizá-lo, surgem novos hábitos que se incorporam à nossa natureza. Esse processo de criar e fortalecer novos caminhos e, como resultado, enfraquecer os antigos é a plasticidade cerebral em ação. Portanto, cientificamente, todos nós temos a capacidade e a habilidade de aprender e mudar, renovando nossos cérebros, desde que haja empenho, disciplina e constância.[7]

* * *

Vamos agora conectar esse conhecimento básico de **neurociência** com **liderança** e **confiança**.

Considerando que o cérebro é social e muito mais emocional do que racional, pesquisadores da Universidade da Califórnia em Los Angeles (Ucla) concluíram que, para o cérebro humano, dor física e dor social são interpretadas da mesma maneira. Um ato de rejeição, exclusão, injustiça, humilhação ou discriminação, por exemplo, para o cérebro, significa o mesmo que um soco no estômago ou um tapa na cara, mas com uma diferença importante: a dor física passa rápido; a dor social, não. Segundo os pesquisadores, a dor social pode ter se desenvolvido por causa da importância dos elos sociais para a sobrevivência da maioria dos mamíferos.[8]

........................●........................

Quando eu era assistente social numa clínica psiquiátrica de Nova York, me pediram que recebesse Roz, uma moça de 20 anos que havia chegado de outra instituição. Eu não tinha nenhuma informação sobre ela, e disseram para eu "me virar" e descobrir quais eram os seus problemas e do que necessitava.

Depois de conversar com Roz, classifiquei-a como uma jovem infeliz e com uma situação familiar muito desagradável. Eu não a via como uma pessoa perturbada, mas solitária e incompreendida. Esforcei-me para ajudá-la a começar uma nova vida, incentivando-a a buscar um emprego e um bom lugar para viver e a fazer novas amizades. Em pouco tempo, ela iniciou importantes mudanças em sua vida.

Os relatórios das instituições psiquiátricas anteriores chegaram um mês depois que havíamos começado a trabalhar juntas. Para minha surpresa, eles descreviam várias internações psiquiátricas com diagnóstico de "esquizofrenia paranoica" e um comentário dizia que ela era "um caso perdido". Decidi esquecer essa papelada.

Primeiro Roz encontrou um emprego, depois um lugar para morar. Alguns meses mais tarde, ela me apresentou ao seu futuro marido, um empresário bem-sucedido que a adorava. Quando terminou a terapia, Roz presenteou-me com um marcador de livros de prata e um bilhete que dizia: "Obrigada por acreditar em mim".[9]

••••••••••••••••••••••••••••••••• • •••••••••••••••••••••••••••••••••

Muito bem, mas o que isso tem a ver com liderança e confiança? Tudo. Porque o líder é um dos maiores agentes reguladores da dor social nas organizações, já que, como vimos, a base da liderança é o relacionamento, e a qualidade desse relacionamento implica diretamente no nível de dor social das pessoas e seu impacto nos resultados.

O primeiro passo, portanto, para que haja interações sociais saudáveis na liderança é o estabelecimento de relações de confiança. Com base em tudo o que conversamos até agora, quero reforçar pontos importantes na construção de confiança com base na neurociência. Já conversamos sobre alguns deles ao longo do livro, mas vou reforçá-los aqui:

- **Ajude as pessoas a se sentirem seguras:** lembre-se, o cérebro considera a sobrevivência sua principal prioridade. Para que os líderes não sejam vistos como uma ameaça, é necessário que se mostrem confiáveis, verdadeiros, justos e honestos. Atualmente, as pessoas já não encontram segurança nas próprias organizações, por isso, a figura do líder se torna cada dia mais importante na construção da sensação de segurança das pessoas. E essa segurança consiste em ser verdadeiro, honesto, transparente e justo com elas, ainda que isso possa lhes custar alguma coisa. Quando as pessoas se sentem inseguras, o cérebro aciona o estado de ameaça, diminuindo a percepção, a cognição, a criatividade e a colaboração, e, consequentemente, impactando diretamente nos resultados.

- **Seja autêntico e mostre confiar nas pessoas:** quando estamos com alguém, nosso cérebro é ativado da mesma maneira que o da outra pessoa por meio dos neurônios-espelho.[10] Em outras palavras, se um líder desconfia da pessoa com quem está falando, essa pessoa vai usá-lo de espelho e desconfiar de volta. Não adianta conversar com alguém fingindo que confia na pessoa, porque ela perceberá e também desconfiará de você. Alguns chamam isso de "energia", mas, nesse caso, é apenas o cérebro em funcionamento.

  Neurônios-espelho são uma estrutura cerebral que coloca o indivíduo em sintonia com as emoções e as reações dos outros, e foram descobertos pela equipe do neurocientista Giacomo Rizzolatti, da Universidade de Parma, na Itália.[11]

- **Demonstre justiça:** o cérebro procura por justiça e, quando se vê diante de uma situação injusta, tende a reagir com raiva e frustração.[12] Neste ponto, é muito importante que o líder se conscientize de que não adianta achar que está sendo justo com as pessoas se elas não o perceberem dessa maneira. É preciso que as cartas estejam sobre a mesa, que não haja agendas ocultas e que temas suscetíveis a percepções ou sensações de injustiça sejam discutidos com transparência.

Ainda com base no cérebro social, David Rock, presidente do Neuroleadership Institute, desenvolveu um modelo de motivadores sociais que nos ajuda a amenizar a dor social no dia a dia, a criar um ambiente mais seguro psicologicamente e a reforçar as relações de confiança.[13]

Esse modelo, que recebeu o nome de SCARF, se baseia nas seguintes premissas da neurociência: o cérebro é plástico; ninguém pensa igual a ninguém; pensar cansa; a nossa percepção é a nossa realidade; criar novos hábitos é mais fácil do que mudar hábitos antigos; a parte do cérebro responsável por sentir emoções pode inibir o funcionamento correto da parte responsável por encontrar soluções; o cérebro considera ameaças e recompensas sociais com a mesma intensidade que ameaças e recompensas físicas; a resposta "de ameaça" é muito mais intensa e comum e, por isso, precisa ser minimizada adequadamente nas interações sociais; e, finalmente, a dor física e dor social produzem respostas cerebrais similares.

Quando as pessoas se sentem inseguras, o cérebro aciona o estado de ameaça, diminuindo a percepção, a cognição, a criatividade e a colaboração, e, consequentemente, impactando diretamente nos resultados.

O modelo SCARF nos ajuda a estruturar ações mais alinhadas às expectativas do cérebro social, minimizando a resposta "de ameaça" e ampliando a "de recompensa", trazendo mais segurança e confiança para o contexto. O acrônimo SCARF está relacionado às cinco dimensões do modelo proposto por David Rock: status [*Status*], certeza [*Certainty*], autonomia [*Autonomy*], relacionamentos/conexões [*Relatedness*] e justiça/equidade [*Fairness*]. SCARF é também um tipo de trocadilho ou metáfora com "echarpe", que é a sua tradução para o português. É como um tipo de proteção para a cabeça (e o pescoço), que pode ajudar a minimizar a exposição às ameaças de um clima mais hostil. Vejamos o que significa cada dimensão do modelo SCARF:

Status: neste caso, status não está diretamente conectado com a posição hierárquica de uma pessoa, mas com a sua percepção de pertencimento aos ambientes e contextos onde vive. Pesquisas mostram que, quando as pessoas percebem que podem estar sendo comparadas a outras de maneira desfavorável, o mecanismo de resposta "de ameaça" entra em cena, liberando cortisol e outros hormônios relacionados ao estresse. Compreender o papel do status como preocupação fundamental para os indivíduos pode ajudar os líderes a evitar práticas organizacionais que ativem respostas "de ameaça". Alguns cuidados, como evitar comparações com outras pessoas, feedbacks agressivos e avaliações de desempenho superficiais, podem ajudar muito.

A percepção de status aumenta quando a pessoa adquire uma nova habilidade, quando recebe apoio do líder para ter uma performance melhor e quando aquilo que faz é reconhecido como parte importante dos resultados alcançados. A meritocracia e a remuneração com base em habilidades adquiridas e entregas, e não apenas por senioridade, é também uma maneira de ampliar o status.

Várias pesquisas demonstram que os circuitos de recompensa do cérebro são ativados de igual maneira para ganhos monetários e ganhos sociais. Os valores também exercem grande impacto sobre o status. Se uma organização demonstra valorizar mais os profissionais do topo da pirâmide, pode passar a sensação de desinteresse pelos outros colaboradores, ampliando a tendência de resposta "de ameaça". Organizações que promovem a competição entre seus colaboradores também reforçam a ideia de que existem dois tipos de pessoas: os vencedores e os perdedores, fomentando a resposta "de ameaça" daqueles que não se sentem parte do primeiro grupo.

Certeza: a incerteza ou a insegurança requer mais energia neuronal das pessoas, já que o cérebro registra ambiguidades ou confusões como um sinal de erro, falha ou tensão, algo que precisa ser corrigido para que possa se sentir confortável novamente. É por isso que todos necessitam de certo nível de previsibilidade e segurança.

Os líderes podem então buscar desenvolver um ambiente onde haja maior percepção de segurança para fortalecer a relação de confiança entre as pessoas. Alinhar expectativas, compartilhar uma visão de futuro, estabelecer planos e objetivos claros e bem definidos, conversar sobre as mudanças propostas, dar detalhes sobre reestruturações organizacionais e informar sobre como e por que as decisões são tomadas aumentam a transparência, ajudam a promover a percepção de segurança e diminuem naturalmente a sensação de incerteza.

Lembro-me de quando eu era responsável pelo projeto de implantação do sistema corporativo em uma das empresas em que trabalhei e tínhamos que escolher um líder de negócios que representasse cada área. Essa pessoa seria removida de suas funções normais e atuaria 100% de seu tempo no projeto. A maior insegurança delas era: "E depois? O que acontecerá comigo quando o projeto terminar?". Para diminuir a incerteza, nós dissemos e nos comprometemos com o seguinte: "Se você aceitar o nosso convite, além de fazer parte de um dos projetos mais importantes da empresa, também desenvolverá seu conhecimento no sistema mais utilizado nas grandes organizações do mundo, isso o tornará um profissional mais completo e valorizado pelo mercado. Temos certeza de que seus novos conhecimentos o habilitarão para novas e melhores posições na empresa após o término do projeto; contudo, caso isso não ocorra, nós garantimos que você retornará, no mínimo, para a posição que ocupa atualmente, e com estabilidade de um ano". Essa simples conversa ajudou a diminuir a incerteza, aumentar a confiança, o foco, o comprometimento e a produtividade desse profissional no projeto.

Obviamente, nem toda situação de incerteza é necessariamente ruim. Um pouco de incerteza ao encarar situações novas e desafiadoras pode aumentar o interesse e a atenção, produzindo uma resposta suave "de ameaça", elevando os níveis de adrenalina e dopamina em quantidade suficiente para despertar a curiosidade e estimular o indivíduo a resolver seus próprios problemas.

•• • ••

O indiano Satya Nadella, desde que foi nomeado CEO da Microsoft, em fevereiro de 2014, vem conduzindo uma profunda transformação na empresa, melhorando significativamente os resultados. Logo que assumiu o cargo, ele mudou algumas rotinas na companhia, e uma delas foi a instituição de uma videoconferência on-line mensal, na qual os mais de 120 mil funcionários podem enviar perguntas para serem respondidas por ele ao vivo. Nesses encontros virtuais, Nadella também costuma dar exemplos de projetos tocados por suas equipes nos 110 países onde a Microsoft está em operação. Ele também aproveita o espaço para reforçar a ideia de que inovação implica assumir riscos e que, nesse processo, é natural cometer erros.

Segundo Nadella, a inspiração para essa e outras iniciativas está numa importante descoberta da neurociência: a de que a sensação de incerteza e de falta de controle durante um período prolongado reduz a capacidade de ter empatia e de ser criativo, dois atributos fundamentais para a companhia neste momento.

Outra mudança importante instituída por ele é uma forma de abordagem na hora de fazer a revisão de resultados. Ele substituiu as observações em tom de cobrança por perguntas que levam a equipe à reflexão, por exemplo, "O que vocês aprenderam até chegar aos resultados?".[14]

•• • ••

Autonomia: estudos mostram que a percepção do nível de controle de um animal diante de situações estressantes impacta diretamente sua capacidade de decidir e agir. Assim também, em uma organização, quando as pessoas sentem que podem tomar decisões sem que sejam microgerenciadas, o sentimento de segurança aumenta e elas conseguem manter o estresse sob controle. Líderes podem fortalecer a dimensão da autonomia dos colaboradores dando-lhes liberdade para fazer suas próprias escolhas e tomar decisões. Permitir que as pessoas apresentem opções ou deixar que elas organizem as próprias tarefas provoca uma resposta com menos estresse do que forçá-las a seguir instruções rígidas ou impostas pelo líder.

A autonomia está também relacionada ao senso de controle sobre eventos na vida, como o poder de influenciar o próprio crescimento profissional: "Que comportamentos e competências eu preciso desenvolver para receber uma promoção?". Daí a importância do estabelecimento de políticas claras para o crescimento do profissional na organização. Quando as pessoas sabem o que precisam fazer para crescer, o sentimento de autonomia e controle aumenta, assim como a sensação de recompensa.

A percepção de autonomia tem sido relacionada pela neurociência com o aumento de bem-estar e a melhora do funcionamento cognitivo e da saúde. Pesquisas em todo o mundo indicam que a sensação de autonomia e controle sobre aspectos da vida provoca uma sensação de bem-estar tão grande quanto a sensação de prosperidade econômica. Estudos mostram ainda que um dos principais fatores que contribuem para o aumento do nível de estresse em executivos é o aumento de responsabilidades sem que a autonomia aumente na mesma proporção.

Portanto, quanto mais as pessoas sabem o que precisam fazer para alcançar o que desejam, maior é sua sensação de autonomia e, consequentemente, o seu comprometimento.

Relacionamento/Conexão: um ambiente colaborativo depende de relacionamentos saudáveis, baseados em confiança e empatia. Para o cérebro, essa sensação de confiança e empatia é determinada pelo sentimento de pertencimento aos grupos dos quais fazemos parte. Cada vez que uma pessoa conhece alguém, o cérebro automaticamente o classifica como amigo ou inimigo. Quando essa nova pessoa é percebida como diferente, a informação viaja através de caminhos neuronais associados a sentimentos desconfortáveis. Líderes que sabem disso também sabem que uma equipe formada por pessoas diferentes tende a se sentir desconfortável inicialmente, e por isso buscam fomentar a criação de um ambiente onde haja transparência, confiança e empatia, ajudando o cérebro a reconhecer os "diferentes" como amigos.

O líder, portanto, antes de qualquer outra pessoa, precisa tentar criar relacionamentos saudáveis. Como conversamos, não é preciso ser íntimo das pessoas, mas é preciso estar próximo delas. É preciso colocar gente na agenda, compreender que tem gente por trás do crachá, e que, quando as pessoas entram pela porta da empresa, não deixam seus sentimentos e emoções do lado de fora. Cada pessoa não é apenas mais um número na organização, mas um ser humano que, como qualquer outro, incluindo o próprio líder, necessita de convivência e relacionamentos saudáveis.

Justiça/Equidade: a percepção de injustiça gera uma intensa resposta na parte emocional do cérebro, minando a confiança e aumentando o nível de hostilidade e resistência das pessoas. Assim como acontece com o status, as pessoas percebem a justiça em termos relativos, sentindo-se mais satisfeitas com uma troca justa, que oferece uma recompensa mínima, do que com uma troca injusta, na qual a recompensa possa ser substancial.

Nas organizações, a percepção de injustiça cria um ambiente onde a confiança e a cooperação desaparecem. Por exemplo, líderes que têm os "seus favoritos" ou que reservam privilégios para quem os trata de "maneira especial" aumentam a resposta "de ameaça" daqueles que permanecem fora do "círculo dos queridinhos".

Então, como utilizar o modelo SCARF na construção de relações de confiança na liderança? Em primeiro lugar, tomando consciência de que cada ação, atitude e decisão do líder tem uma influência direta no aumento ou na diminuição dos níveis percebidos de status, segurança, autonomia, relacionamento e justiça, e, consequentemente, no reforço da confiança.

O modelo SCARF ajuda a trazer maior consciência aos líderes para que essas interações possam aumentar a sensação de recompensa e diminuir a percepção de ameaça, minimizando naturalmente a dor social e, consequentemente, aumentando o potencial de satisfação, realização, felicidade, criatividade, comprometimento e entrega das pessoas.

Comece buscando reduzir as possíveis sensações "de ameaça". Assim como o cérebro dos animais é programado para responder a um predador antes de dirigir sua atenção à busca de alimento, o cérebro do ser humano é programado para responder a perigos que ameacem suas necessidades básicas e fundamentais antes de realizar qualquer outra coisa. A resposta "de ameaça" é forte, imediata e difícil de ignorar. Seres humanos não conseguem confiar, pensar de modo livre e criativo, trabalhar bem em equipe ou tomar boas decisões quando sua resposta "de ameaça" está latejando. Um líder agressivo, portanto, cuja boa intenção é mover as pessoas em direção aos resultados, pode apenas estar colocando-as em estado de alerta, comprometendo assim os resultados que tanto deseja alcançar.

Oxitocina

Dentro da dimensão da confiança interpessoal, conversamos sobre a importância do amor ágape e da empatia na construção de relações de confiança, lembra? Pois bem, a oxitocina, hormônio produzido pelo cérebro, é um dos grandes responsáveis por esses sentimentos. É com a oxitocina que o nosso cérebro sinaliza a presença da confiança, potencializando-a por meio da empatia. Ela ainda está associada a felicidade e estados de alegria, proximidade emocional e relacional, serenidade, e é também considerada a evidência química de bem-estar, paz interior, autorregulação e decisões que levam ao nosso melhor estado mental, emocional e físico. Superpoderosa, não é mesmo?

E, por mais incrível que possa parecer, o mais poderoso produtor de oxitocina chama-se **confiança**. Quando demonstramos confiar em alguém, o nível de oxitocina dessa pessoa aumenta, reduzindo a possibilidade de ela se retrair e trair a confiança que lhe foi ofertada. Em outras palavras, **a sensação de ser confiável torna as pessoas, de fato, mais confiáveis.**

Isso não significa, contudo, que a oxitocina nos torna generosos e confiáveis o tempo todo. De fato, a oxitocina funciona como um giroscópio que nos ajuda a manter o equilíbrio entre confiança, cautela e desconfiança, e a principal pergunta que o cérebro precisa responder para decidir se libera oxitocina é: "Devo me sentir seguro e acolhido por essas pessoas?". Se a resposta for positiva, a oxitocina entra em cena; caso contrário, o cortisol, hormônio do estresse e também um inibidor de oxitocina, aparece.

Segundo Paul Zak,[15] neurocientista e professor na Claremont Graduate University, existem alguns fatores que podem influenciar fortemente a produção de oxitocina e, consequentemente, aumentar os níveis de confiança no ambiente de trabalho:

- **Reconhecimento do trabalho das pessoas.** O reconhecimento produz oxitocina e tem um grande efeito sobre a confiança, principalmente se vem logo depois de um objetivo alcançado, uma meta atingida ou um trabalho entregue. É importante que o reconhecimento venha diretamente daqueles que trabalham com a pessoa, e que seja específico e inesperado.
- **Estimulação do "estresse desafiante".** Quando atribuímos a alguém um trabalho desafiante, mas realizável, o estresse moderado da tarefa libera neuroquímicos, incluindo a oxitocina, que intensificam o foco e fortalecem as conexões sociais. Quando os membros da equipe precisam trabalhar juntos para

atingir um objetivo em comum, a atividade do cérebro direciona seus comportamentos de forma mais eficiente. Mas isso funciona somente se os desafios forem alcançáveis e tiverem um ponto final concreto; objetivos vagos ou impossíveis causam desistências antes mesmo de começarem. Por isso, os líderes devem avaliar frequentemente o progresso e ajustar os objetivos que são muito fáceis ou fora de alcance.

- **Respeito ao jeito como as pessoas fazem o trabalho.** Como já vimos, confiança gera confiança; portanto, confie e respeite a maneira como as pessoas realizam o trabalho. Uma vez que elas estão treinadas e preparadas, permita, sempre que possível, que executem as atividades à sua maneira. Valorize o resultado alcançado.
- **Compartilhamento amplo de informações.** A incerteza leva ao estresse, que, por sua vez, inibe a liberação de oxitocina e prejudica o trabalho em equipe. Organizações transparentes com seus colaboradores reduzem a incerteza sobre para onde estão indo e por quê. O segredo é ser transparente.
- **Criação de proximidade e demonstração de interesse genuíno.** A rede cerebral que a oxitocina ativa é evolutivamente antiga. Isso significa que a confiança e a sociabilidade que a oxitocina permite estão profundamente incorporadas em nossa natureza. Por isso, é importante demonstrar interesse em conhecer as pessoas, a sua história, e saber o que acontece na vida delas. Isso pode contribuir para gerar o sentimento de que o líder acredita de fato naquela pessoa. Além disso, atividades sociais, que muitas vezes não têm relação direta com o trabalho, ajudam a aumentar os níveis de oxitocina e confiança.
- **Promoção do crescimento pessoal e profissional.** Os locais de trabalho de alta confiança ajudam as pessoas a se desenvolver pessoal e profissionalmente. Líderes de sucesso trabalham diretamente com as pessoas para ajudá-las a conquistar

objetivos pessoais e profissionais, produzindo oxitocina e, consequentemente, reforçando a confiança.
- **Demonstração de vulnerabilidade.** Líderes em locais de trabalho de alta confiança pedem ajuda de colegas em vez de apenas dizer-lhes o que fazer. Isso estimula a produção de oxitocina nos outros, aumentando a confiança e a cooperação. Pedir ajuda é um sinal de segurança, não de fraqueza.

Portanto, para promover maior confiança entre as pessoas, gerando assim maior felicidade, fica a dica: reconheça as pessoas, mantenha a pressão em níveis saudáveis, crie um ambiente colaborativo e estimule a criatividade, porque tudo isso aumentará o nível de oxitocina no dia a dia.

Como você pode perceber, a neurociência reforça e endossa tudo o que discutimos neste livro, e nos ajuda a criar um ambiente emocional e psicológico propício à confiança. A compreensão dos mecanismos de funcionamento do cérebro nos dá valiosas pistas sobre como desenvolver culturas organizacionais que potencializem as relações humanas, que estejam alinhadas com os objetivos estratégicos e que tenham como base relações de confiança.

Portanto, lidere com o coração e também com o cérebro!

Conclusão

Decidindo confiar

Confiar nas pessoas até que elas provem ser indignas dessa confiança é melhor do que duvidar de alguém que poderia ter-nos abençoado.

Desejo de todo o meu coração que este livro represente o início de uma nova jornada em sua vida pessoal e profissional, ajudando-o a se tornar um líder ainda melhor, alguém que realmente faça diferença na vida daqueles que estão à sua volta por meio da construção de confiança e cooperação, permitindo que as pessoas vivam e trabalhem mais felizes e comprometidas e busquem os melhores resultados para si, para a equipe, para a organização e para o mundo.

.... • ....

Em 2006, no Festival Mundial da Paz, em Florianópolis, a jornalista e filósofa Lia Diskin falou sobre o caso de uma tribo africana. Ela contou que um antropólogo que estudou por um tempo os usos e costumes da tribo, ao terminar seu trabalho, propôs uma brincadeira para as crianças.

Ele colocou um cesto com uma porção de balas e doces embaixo de uma árvore e combinou com as crianças que, quando ele dissesse "já!", elas deveriam correr até o cesto e aquela que chegasse primeiro ganharia todos os doces que estavam lá dentro.

As crianças se posicionaram atrás da linha que ele desenhou no chão e, quando ele disse "já!", todas elas se deram as mãos e correram em direção ao cesto. Chegando lá, dividiram os doces entre todas e comeram felizes.

O antropólogo foi ao encontro delas e perguntou por que tinham ido todas juntas se uma delas poderia ter ficado com tudo. Elas simplesmente responderam: "Ubuntu, tio. Como um de nós poderia estar feliz se os outros estivessem tristes?".

Ele ficou desconcertado! Mesmo tendo estudado a tribo durante meses, ele não havia compreendido a essência daquele povo. "Ubuntu" significa: "Sou quem sou porque somos todos nós".[1]

• ● •

Porque "somos"! Porque todos os grandes acontecimentos da humanidade, que transformaram positivamente o mundo, só aconteceram porque confiança e cooperação se fizeram presentes. Quando pergunto às pessoas em meus treinamentos e palestras: "Quantos de vocês chegaram onde estão hoje, em parte, porque alguém confiou em vocês?", praticamente todos levantam a mão. Você já refletiu sobre isso? Quanto do seu sucesso é fruto da confiança que alguém depositou em você? E quanto do sucesso das pessoas à sua volta é fruto do seu voto de confiança nelas?

A propensão natural do nosso cérebro e as experiências de vida muitas vezes nos levam a acreditar que confiar nas pessoas pode ser muito arriscado. Contudo, a despeito de quais tenham sido as suas experiências no passado, você continua sendo o responsável por criar o futuro por meio de novas escolhas; portanto, dê uma nova chance à sua propensão original de plantar confiança, porque confiança é como uma semente que, quando plantada, regada e cuidada, produz frutos que marcam para sempre a vida das pessoas.

> **Quanto do seu sucesso é fruto da confiança que alguém depositou em você? E quanto do sucesso das pessoas à sua volta é fruto do seu voto de confiança nelas?**

Uma semeadura não se faz apenas com palavras, mas com atitudes que permitem às pessoas demonstrar o seu caráter, conhecimento, capacidade, comprometimento, potencial e valor. Atitudes que dão a elas mais autonomia e empoderamento, que trazem à tona o melhor delas, e que as tornam mais entusiasmadas, ativas e participativas; atitudes que, mesmo sem palavras, transmitem a mensagem "Eu confio em você. Eu sei que você é capaz. Eu acredito que você pode realizar esse trabalho".

A construção de relações de confiança é o melhor antídoto para as principais ameaças às nossas equipes e organizações porque transforma individualismo em individualidade, competição em cooperação, confrontos em conflitos produtivos, capital humano em capital cooperativo e indiferença em comprometimento. E o mais incrível de tudo isso é que a confiança é recíproca; quanto mais confiamos, mais as pessoas confiam de volta. Por isso, como líderes, somos responsáveis por criar ambientes onde comando e controle dão lugar à confiança.

Lembre-se, não existem líderes perfeitos, mas tampouco existem líderes que não estejam em aperfeiçoamento; portanto, o aprendizado contínuo, natural e espontâneo é o caminho que lhe permitirá se desenvolver cada vez mais como líder. Assim, cultive a semente da confiança, desenvolva sua autoconfiança, seja autêntico e vulnerável, aja com honestidade e integridade, demonstre interesse genuíno e empatia, e entregue os melhores resultados com pessoas.

Deus o abençoe.

Notas

Foram feitos todos os esforços para identificar os autores das histórias citadas ao longo do livro e que circulam pela internet. Em alguns casos, a identificação não foi possível. Caso os autores se manifestem, editora e autor se comprometem a dar os devidos créditos na próxima edição.

Capítulo 1
1. Sobre o discurso de Jimmy Carter: *President Jimmy Carter to the people of the USA*. Disponível em: <https://www.youtube.com/watch?v=cwCi-fSdvtU>. Acesso em: 13 set. 2019.
2. Edelman Trust Barometer 2018 mostra o Brasil entre os seis países com quedas extremas de confiança no mundo. Disponível em: <https://www.edelman.com.br/estudos/trust-barometer-2018>. Acesso em: 13 set. 2019.
3. Edelman Trust Barometer 2019 revela que os brasileiros confiam mais no seu empregador do que nas instituições tradicionais. Disponível em: <https://www.edelman.com.br/estudos/trust-barometer-2019>. Acesso em: 13 set. 2019.
4. Sobre o discurso do almirante William H. MacRaven: *Discurso do Almirante dos SEALs William H. McRaven na University do Texas Austin 2014*. Disponível em: <https://www.youtube.com/watch?v=quco5CRZH4s>. Acesso em: 13 de set. 2019.

Capítulo 2
1. Adaptado de: A bomba d'água. *Vida.net*. Disponível em: <http://www.vidanet.org.br/mensagens/a-bomba-dagua>. Acesso em: 13 set. 2019.

Capítulo 3
1. Sobre a declaração de Ayrton Senna: <https://www.pensador.com/frase/NjA0Mjc0/>.
2. Adaptado de: O Céu × o Inferno. *Pensador*. Disponível em: <https://www.pensador.com/frase/NjI0MDc/>. Acesso em: 13 set. 2019.

Capítulo 4
1. Schwartz, Tony & Loehr, Jim. *Envolvimento total*: gerenciando energia e não o tempo. Rio de Janeiro: Campus, 2003.
2. Adaptado de: Farber, Barry J. *Diamond in the Rough:* The Secret to Finding Your Own Value – and Making Your Own Success. Nova York: Berkley, 1995.
3. Rock, David; Jones, Beth Jones & Weller, Chris. The Hidden Leverage of Feedback. *Psychology Today*, 7 jan. 2019. Disponível em: <https://www.psychologytoday.com/gb/blog/your-brain-work/201901/the-hidden-leverage-feedback>. Acesso em: 13 set. 2019.
4. Adaptado de: Melo, Luísa. Conheça o CEO que abandonou o posto para ser um pai melhor. *Exame*, 7 ago. 2014. Disponível em: <https://exame.abril.com.br/negocios/conheca-o-ceo-que-abandou-o-posto-para-ser-um-pai-melhor/>. Acesso em: 11 jul. 2019.
5. Adaptado de: Menegatti. Detalhes são importantes. Disponível em: <https://palestrante.srv.br/artigos/fabula-e-parabola/detalhes-sao-importantes>. Acesso em: 13 set. 2019.
6. Adaptado de: Carvalho, Beia. Estrelas do Futuro. 11 maio 2019. Disponível em: <http://www.beiacarvalho.com.br/2017/05/11/beia-carvalho-diversidade-estrelas-do-futuro-e-alem/>. Acesso em: 13 set. 2019.
7. George, Bill. *O líder autêntico*. Rio de Janeiro: Elsevier, 2009.
8. Dilts, Robert. "A Brief History of Logical Levels". Disponível em: <http://www.nlpu.com/Articles/LevelsSummary.htm>. Acesso em: 16 set. 2019.
9. Bernardinho. *Transformando suor em ouro*. Rio de Janeiro: Sextante, 2006.

Capítulo 5
1. Adaptado de: A importância do exemplo. *Carlos Hiisdorf*. Disponível em: <http://carloshilsdorf.com.br/blog/a-importancia-do-exemplo/>. Acesso em: 13 set. 2019.

2. Adaptado de: Uma matéria em que não podemos ser reprovados. *Pra. Magaly*. Disponível em: <http://pastoramagaly.blogspot.com/2013/04/uma-materia-em-que-nao-podemos-ser.html>. Acesso em: 13 set. 2019.
3. 83% dos brasileiros admitem já ter cometido pelo menos uma prática ilegítima. Instituto Datafolha, 5 out. 2009. Disponível em: <http://datafolha.folha.uol.com.br/opiniaopublica/2009/10/1225525-83-dos-brasileiros-admitem-ja-ter-cometido-pelo-menos-uma-pratica-ilegitima.shtml>. Acesso em: 12 jul. 2019. Acesse os dados completos da pesquisa em: <http://media.folha.uol.com.br/datafolha/2013/05/02/corrupcao_05102009.pdf>.
4. Silvanocv. A história de Ivan Fernandez Anaya, atleta que deu uma lição de honestidade, um exemplo. Disponível em: <https://digitalbr.net/a-historia-de-ivan-fernandez-anaya-atleta-que-deu-uma-licao-de-honestidade-um-exemplo/>. Acesso em: 13 set. 2019.
5. Sobre Ivan Anaya: *Honestidade – Ivan Fernandez*. Disponível em: <https://www.youtube.com/watch?v=mma4B-djIsg>. Acesso em: 13 set. 2013.
6. Pesquisa de integridade 2005-2006. KPMG Forensic. Disponível em: <http://www.kpmg.com.br/publicacoes/forensic/2006/PesquisaIntegridadeForensic.pdf>. Acesso em: 12 jul. 2019.
7. Sobre a declaração de Dwight Eisenhower: <http://www.citador.pt/textos/lideranca-com-integridade-dwight-david-eisenhower>.
8. O que podemos aprender com a incrível atitude destes 2 supermercados brasileiros. *Hypeness*, fev. 2016. Disponível em: <https://www.hypeness.com.br/2016/02/o-que-podemos-aprender-com-a-incrivel-atitude-de-2-supermercados-brasileiros/>. Acesso em: 13 set. 2019.

Capítulo 6

1. Waldinger, Robert. Do que é feita uma vida boa? Lições do mais longo estudo sobre a felicidade. TED, nov. 2015. Disponível em: <https://www.ted.com/talks/robert_waldinger_what_makes_a_good_life_lessons_from_the_longest_study_on_happiness?language=pt-br>. Acesso em: 13 jul. 2019.
2. Ortiz-Ospina, Esteban & Roser, Max. *Trust*. Disponível em: <https://ourworldindata.org/trust>. Acesso em: 4 jul. 2019.
3. Adaptado de: Grinberg, Renato. Um bom exercício de liderança: "Shut up and listen!". *Harvard Business Review*, 14 jan. 2013. Disponível em: <https://hbrbr.uol.com.br/um-bom-exercicio-de-lideranca-shut-up-and-listen/>.
4. Lombardi, Vince. *The Lombardi Rules*: 26 Lessons from Vince Lombardi –The World's Greatest Coach. Nova York: McGraw-Hill Education, 2002.
5. Ziglar, Zig. *O que aprendi no caminho para o topo*. Campinas: Editora United Press, 2000.

6. Efeito Pigmaleão. Disponível: <https://pt.wikipedia.org/wiki/Efeito_Pigmaleão>. Acesso em: 16 set. 2019.
7. Sobre a declaração de Henry Ford: <https://www.pensador.com/frase/OTU4ODc/>.
8. Adaptado de: Adams, William Lee. Hero Pilot Pulls Out the Stops to Help Grandpa Reach Funeral: 2011's Most Heartwarming Travel Story? *Time*, 13 jan. 2011. Disponível em: <http://newsfeed.time.com/2011/01/13/pilot-who-cares-the-most-heartwarming-airline-story-of-2011/>. Acesso em: 5 jul. 2019.
9. Adaptado de: Costa, Leandro. Ryan Hreljac Homens que você deveria conhecer #17. Disponível em: <https://papodehomem.com.br/ryan-hreljac-homens-que-voce-deveria-conhecer-17/>. Acesso em: 5 jul. 2019.
10. Krznaric, Roman. Six Habits of Highly Empathic People. *Greater Good Magazine*, 27 nov. 2012. Disponível em: <https://greatergood.berkeley.edu/article/item/six_habits_of_highly_empathic_people1>. Acesso em: 13 set. 2019.
11. Adaptado de: Gottman, John. *The Science of Trust*. Nova York: W. W. Norton & Company, 2011.
12. Marston, William. *As emoções das pessoas normais*. São Paulo: Success for You, 2016.

Capítulo 7

1. Adaptado do texto bíblico do livro do Êxodo, 18, 14-23, que fala sobre Moisés e o povo hebreu em sua jornada para chegar até a Terra Prometida.
2. Leadership styles: a powerful model. *Training Journal*, jan. 2011. Disponível em: <http://cpd.yolasite.com/resources/Leadership%20Styles%20-%20A%20Powerful%20Model%20by%20Pierre%20Casse%20%26%20Paul%20Claudel.pdf>. Acesso em: 16 set. 2019.
3. Adaptado de: Leister Filho, Adalberto. Carta de treinador motivou Vanderlei Cordeiro de Lima. *Uol Esportes*, 31 ago. 2004. Disponível em: <https://esporte.uol.com.br/olimpiadas/ultimas/2004/08/31/ult2247u457.jhtm>. Acesso em: 13 set. 2019.
4. Sobre a declaração de Carl Jung: <https://www.pensador.com/frase/MjEzMjczMA/>.
5. Zak, Paul. *A molécula da moralidade*. Rio de Janeiro: Elsevier, 2012.

Capítulo 8

1. Adaptado de: A estória do martelo. *Metáforas*, 26 ago. 2000. Disponível em: <https://metaforas.com.br/2000-08-26/a-estoria-do-martelo.htm>. Acesso em: 13 set. 2019.
2. Adaptado de: O lago congelado! *Netvida*, 25 mar. 2019. Disponível em: http://www.netvida.com.br/noticia/o-lago-congelado/. Acesso em: 13 set. 2019.

Capítulo 9

1. Everly Jr., George S. Lições da neurociência. *Harvard Business Review Brasil*, 5 abr. 2017. Disponível em: <https://hbrbr.uol.com.br/licoes-da-neurociencia/>. Acesso em: 16 set. 2019.
2. Riso, Walter. *Pensar bem, sentir-se bem*. São Paulo: Planeta, 2013.
3. Kerr, Chris. Como os vieses inconscientes prejudicam a diversidade nas corporações? *ABRH Brasil*, 5 mar. 2018. Disponível em: <https://www.abrhbrasil.org.br/cms/materias/artigos/como-os-vieses-inconscientes-prejudicam-diversidade-nas-corporacoes/>. Acesso em: 16 set. 2019.
4. De Sousa, J. Francisco Saraiva. Cérebro social. *NeuroFilosofia*, 30 jul. 2009. Disponível em: <http://cyberself-neurofilosofia.blogspot.com/2009/07/cerebro-social.html>. Acesso em: 16 set. 2019.
5. Goleman, Daniel. *Inteligência emocional*. Rio de Janeiro: Objetiva, 1996.
6. Everly Jr., George S. Lições de neurociência. *IBE Business Education*. Disponível em: <https://www.ibe.edu.br/licoes-da-neurociencia/>. Acesso em: 17 set. 2019.
7. O que é neuroplasticidade cerebral? *Minuto Saudável*, 24 abr. 2018. Disponível em: <https://minutosaudavel.com.br/neuroplasticidade/>. Acesso em: 16 set. 2019.
8. Nogueira, Salvador. Rejeição ativa circuitos da dor no cérebro. *Folha de S.Paulo*, 10 out. 2003. Disponível em: <https://www1.folha.uol.com.br/fsp/ciencia/fe1010200301.htm>. Acesso em: 16 set. 2019.
9. Adaptado de: Canfield, Jack et al. *Espírito de cooperação no trabalho*. São Paulo: Cultrix, 1999.
10. Neurónio espelho. Disponível em: <https://pt.wikipedia.org/wiki/Neurónio_espelho>. Acesso em: 16 set. 2019.
11. Teruya, Alexandre Key et al. Neurônios-espelho. *Ciências e Cognição*. Disponível em: <http://cienciasecognicao.org/neuroemdebate/?p=1590>. Acesso em: 17 set. 2019.
12. Rock, David. SCARF: a brain-based model for collaborating with and influencing others. *NeuroLeadershipJournal*, 2008. Disponível em: <http://web.archive.org/web/20100705024057/http://www.your-brain-at-work.com/files/NLJ_SCARFUS.pdf>. Acesso em: 16 set. 2019.
13. Ibid.
14. Adaptado de: Scherer, Aline. Como a neurociência está transformando as empresas. *Exame*, 24 ago. 2017. Disponível em: <https://exame.abril.com.br/revista-exame/como-a-neurociencia-esta-transformando-as-empresas/>. Acesso em: 16 set. 2019.
15. Zak, Paul. *A molécula da moralidade*. Rio de Janeiro: Elsevier, 2012.

Conclusão

1. Adaptado de: A filosofia Ubuntu. Espaço Ubuntu. Disponível em: <http://www.espacoubuntu.com.br/a-filosofia.html>. Acesso em: 16 set. 2019.

Referências

BROWN, Brené. *A coragem de ser imperfeito*. Rio de Janeiro: Sextante, 2016.
COVEY, Stephen. *O 8º hábito*. São Paulo: Alta Books, 2017.
_____. *A velocidade da confiança*. São Paulo: Alta Books, 2018.
COVEY, Stephen, LINK, Greg. *A confiança inteligente*. São Paulo: Leya Brasil, 2013.
DILTS, Robert. "A Brief History of Logical Levels". on-line. 2014. Disponível em: <http://www.nlpu.com/Articles/LevelsSummary.htm>. Acesso em: 16 set. 2019.
FABOSSI, Marco. *Coração de líder*. Viçosa: Aprenda Fácil Editora, 2012.
GOLEMAN, Daniel; BOYATZIS, Richard e MCKEE, Annie. *O poder da inteligência emocional*. Rio de Janeiro: Objetiva, 2018.
KOUZES, James M. e POSNER, Barry Z. *O desafio da liderança*. São Paulo: Alta Books, 2018.
KZRNARIC, Roman. *O poder da empatia*. Rio de Janeiro: Zahar, 2015.
LANSING, Alfred. *A incrível viagem de Shackleton*. Rio de Janeiro: Sextante, 2009.
LENCIONI, Patrick. *Os 5 desafios das equipes*. Rio de Janeiro: Sextante, 2015.
MARSTON, William. *As emoções das pessoas normais*. São Paulo: Success for You, 2016.
SCHWARTZ, Tony e LOEHR, Jim. *Envolvimento total*: gerenciando energia e não o tempo. Rio de Janeiro: Campus, 2003.
SENGE, Peter. *A quinta disciplina*. Rio de Janeiro: Best Seller, 2003.